UNE

ANNÉE A PARIS

IMPRESSIONS D'UNE JEUNE FILLE

PARIS. — IMPRIMERIE DE L'ART

E. MÉNARD ET J. AUGRY, 41, RUE DE LA VICTOIRE

ROSE

UNE

ANNÉE A PARIS

IMPRESSIONS D'UNE JEUNE FILLE

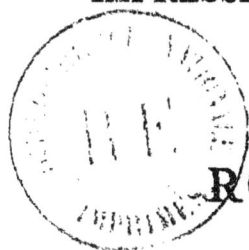

PAR

ROSE ÉMERY

Ouvrage illustré par Gustave Boussenot

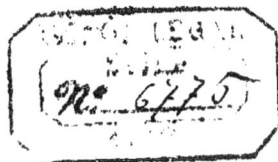

PARIS

CHEZ L'AUTEUR

248, FAUBOURG-SAINT-HONORÉ

—

1886

UNE

ANNÉE A PARIS

I

Départ de la maison paternelle

INTRODUCTION

Mon père occupait un poste important dans la jolie sous-préfecture de R..., située dans un des départements du centre de la France, où l'on voit encore des traces ineffaçables des conquérants romains.

Aussitôt mes seize ans révolus, je dus, selon l'usage du pays, faire comme toutes les jeunes filles de familles aisées, quitter ma ville natale pour aller finir mon éducation et mes études dans un pensionnat de Paris.

Mon frère, plus âgé que moi de quelques années, habitait déjà la capitale ; il y faisait ses études de médecin.

C'était l'automne de 188..., nous étions encore à la Jonquière, belle maison de campagne que mes parents possédaient à quelques kilomètres de R..., dans la partie pittoresque et montagneuse du pays. Tous les ans, nous y passions une partie de l'été,

quelques amis venaient y partager notre heureuse vie
de famille. On parlait beaucoup de Paris, de ses
beautés, de sa splendeur, de ses monuments, de ses
riches musées. Chacun semblait pénétré du charme
enchanteur de cette ville superbe. Mon frère surtout m'en parlait comme de la merveille des villes.
Cette année, nous devions y aller ensemble ; cela
n'empêchait pas le chagrin de s'emparer de moi
quand je pensais à mon départ qui devait avoir lieu
le lendemain matin.

Tous nos préparatifs pour le voyage étaient ter-
minés. Ma mère devait m'accompagner, voulant me
confier elle-même à la directrice de la pension.

Nous avions eu parmi nos convives à la campagne
une famille parisienne. M. Deratier, industriel d'un
grand mérite, qui avait acquis une fortune considérable par la fabrication de produits exportés à l'étranger. Mme Deratier était née à R...; elle était l'amie
d'enfance de maman. Cécile Deratier, fille unique
et par conséquent très choyée, avait deux ans de plus
que moi et, malgré toutes les avances affectueuses
qu'elle me faisait, je ne me sentais pas à l'aise avec elle.

C'est par ces amis que ma mère avait eu l'adresse
de la pension. Comme je devais passer chez eux mes
jours de congé, ils ne voulaient pas que je fusse
éloignée de leur demeure. Ils habitaient un superbe
hôtel près du parc Monceau.

C'est là que je devais les revoir.

Il était près de six heures du matin quand on me
réveilla pour partir.

Quel triste réveil pour moi ! Je ne pouvais sup-
porter l'idée de quitter ma maison. Je n'aimais pas
l'inconnu. Je regrettais mes parents, mes amies

d'externat et particulièrement ma douce cousine Marthe, de deux ans plus âgée que moi ; mais trop délicate de santé pour me suivre et à laquelle je promis une correspondance suivie. Enfin j'étais triste, bien triste de m'éloigner de tous les êtres à l'affection desquels j'étais habituée. Ma mère m'encourageait et, tout en étant plus triste que moi, elle me démontrait avec tendresse que tel était le désir de mon père, que mon éducation ne serait complète qu'après un séjour dans la capitale. Mon frère y serait avec moi ; il viendrait souvent me voir et cela calmerait mes regrets. « Sois heureuse, ma chérie, disait-elle, des avantages qu'on te donne et montre-toi reconnaissante : mets à profit toutes les occasions pour t'instruire ; travaille dans le but de te rendre utile aux autres et à toi-même, si un jour la fortune se tourne contre toi et t'oblige à te servir des talents que l'on t'aide à développer. Paris a de grands avantages pour cela. Tu auras les leçons des meilleurs maîtres, et puis, le désir de ton père doit être un ordre pour toi. »

J'écoutais ces conseils sages et affectueux, mais je ne pouvais surmonter ma douleur. Le moment du départ approchait. Nos domestiques avaient une mine piteuse. Ces braves serviteurs semblaient se demander pourquoi l'on se créait le chagrin de la séparation quand on avait les moyens de vivre ensemble. Notre vieille Marianne, qui m'avait bercée sur ses genoux, avait la voix brisée par les larmes ; elle disait que mon absence la ferait mourir.

Le chat, si fier d'habitude, venait près de moi faire son ronron et je voyais dans les yeux fidèles de notre bon Phénor, le meilleur des chiens, tout le regret qu'il semblait éprouver de me voir partir. Mes petits oiseaux ne chantaient pas ; Marthe devait en prendre soin pendant mon absence.

Ce fut en sanglotant que je me séparai de chacun d'eux et que je me jetai au cou de mon père pour lui dire au revoir. Il était très ému, mais inflexible : je dus partir.

Jean, le bon vieux cocher, attendait en bas sur son siège : il devait nous conduire à la station, où nous devions prendre le train pour Paris.

Ce matin-là, la campagne était superbe ; le soleil dorait la cime des bois. Je regardais chaque petite chose avec intérêt comme pour provoquer un adieu. La verdure était nuancée, du vert sombre des arbres des montagnes au vert clair des prairies. Les oiseaux chantaient à plein gosier et du fond du vallon le rossignol semblait me dire au revoir.

Toute cette contrée m'était connue et chère. Que de fois, avec ma cousine Marthe et d'autres petites amies, n'étions-nous pas allées folâtrer, cueillir des fleurs et courir dans cette splendide campagne ! aussi mes regards s'en détachaient avec peine.

L'air était frais et léger ; une brise agréable nous apportait les senteurs rafraîchissantes et parfumées des montagnes. J'étais silencieuse et pensive. Ma mère et mon frère causaient ; ils cherchaient quelquefois à me distraire. Nous approchions de la gare ; encore quelques tournants et tout ce beau et cher paysage disparaîtrait.

En apercevant la fumée qui s'échappait de la locomotive, il s'opéra un petit changement en moi. J'avais presque de la confusion de mon chagrin et de mes pleurs.

A seize ans, les larmes sont comme les averses du mois d'avril et la douleur ne dure pas.

En disant adieu à notre vieux domestique, j'enfermai mes regrets au fond de mon cœur et j'étais déjà bien apaisée en entrant dans le wagon qui nous emportait à Paris. Ma mère était encore avec moi; mon frère était heureux de ma tranquillité apparente; il se réjouissait d'avance de mon étonnement en voyant la capitale. Pour lui, je n'étais qu'une petite fille de province qui devait s'extasier devant tout ce qui est nouveau. Il espérait que je serais vite consolée et que j'oublierais mon chagrin en portant mon attention sur toutes les nouvelles choses qui s'offriraient à mes yeux et qui me feraient, comme à lui, dire que l'on pouvait bien vivre ailleurs que dans l'étroit rayon de notre petite ville de province !

Maman comprenait mieux mes impressions; comme moi, elle craignait le moment de notre séparation prochaine.

J'emportais un bouquet de fleurs des champs. Nous l'avions cueilli la veille avec ma chère Marthe. Ces bleuets, ces coquelicots, ces violettes sauvages arrachés au sol aimé devaient me suivre dans mon exil. Elles seraient des compagnes muettes, mais douces à mon souvenir.

La route de R... à Paris est très pittoresque et accidentée; tantôt nous voyions des montagnes à perte de vue, tantôt des plaines superbes animées par des cours d'eau et de jolis villages.

Notre voyage se termina très heureusement; et, quelques jours après mon arrivée à Paris, je commençai pour Marthe la série des lettres ci-après.

II

A Paris

CHÈRE MARTHE,

Ce n'est pas un rêve, nous sommes éloignées l'une de l'autre. Je ne te vois plus près de moi. A présent, le papier t'apportera mes impressions et mes idées. Toi, chère cousine, tu ne me feras pas attendre tes réponses et tes avis. Je suis habituée aux derniers et ton droit d'aînesse t'autorise à me traiter en petite sœur.

Je suis à Paris, la merveille des villes. Ce que j'en ai entendu dire ne dépasse pas la réalité. Tout me ravit !

Il était neuf heures du soir quand nous arrivâmes à la gare d'Orléans. Quand nous eûmes nos bagages, nous nous dirigeâmes vers le Grand-Hôtel du Louvre, où ma mère doit loger pendant son séjour ici. Tu sais que la famille Deratier voulait recevoir maman ; mais, comme nous avons des emplettes à faire, ma mère a voulu être libre d'aller et de venir à sa guise. Nous irons les voir jeudi. C'est leur jour de réception. Paul nous a initiées à leurs habitudes. Il a été très souvent chez nos amies, il semble attacher une certaine importance à l'accueil qu'on nous fera. Pourquoi ?.... Cela m'intrigue.

J'ai été émerveillée de ce que j'ai vu en arrivant

ici; surtout de la quantité innombrable de lumières, qui font de Paris une ville presque féerique.

En passant sur le pont qui nous conduisait de l'autre côté de la Seine, j'aimais à voir le reflet des lumières, les bateaux à vapeur qu'on désigne sous le nom de Mouches et d'Hirondelles, et qui desservent les localités des environs de Paris; ces derniers, surtout, attirèrent mon attention par l'éclat de leurs lanternes multicolores. On dirait des étoiles de toutes couleurs qui courent les unes après les autres. Puis, la lumière électrique, que j'ai vue pour la première fois, m'a beaucoup étonnée. C'est une lumière blanche et froide à l'œil. Elle m'a fait l'effet du clair de lune.

En longeant la rue de Rivoli, j'ai vu de belles arcades qui m'ont rappelé la place du Marché à R..., moins les beaux magasins, qu'il n'y a pas chez nous. J'étais bien surprise quand notre voiture passa sous une de ces arcades et nous conduisit dans la cour de l'hôtel, appelée cour d'honneur, et toute éclairée à la lumière électrique.

L'heure de la table d'hôte était passée. On nous servit à dîner dans une salle superbe et très spacieuse. Après souper, mon frère nous quitta pour aller de l'autre côté de l'eau, où est son logement, dans le quartier des étudiants, appelé le quartier latin. Il revint le lendemain pour nous accompagner à la pension, que nous avions hâte de voir.

Le Faubourg-Saint-Honoré est, de nos jours, un des quartiers les mieux habités de Paris. De la place de la Concorde jusqu'au parc Monceau et à l'Arc de triomphe, on voit une grande quantité d'hôtels particuliers, habités par les gens titrés et les riches bourgeois. Le palais de l'Élysée est au centre de ce quartier. Tu sais que c'est dans ce palais que réside le président de la République.

La pension est entre le parc Monceau et l'Arc de triomphe. Au milieu d'une petite avenue particulière, garnie de lierre et tout près de l'église russe, se trouve la maison, entourée de jardins et abritée par des arbres magnifiques, dont quelques-uns sont plus que centenaires.

Ils abritent des milliers d'oiseaux, entre autres des merles qui déjà, au mois de février, viennent siffler leurs trilles frais et argentins. Les moineaux y vivent en nombreuse compagnie et s'y succèdent depuis plusieurs générations. Dès que le jour paraît, ils commencent leurs bruyants concerts, et les pensionnaires les appellent leurs réveille-matin.

Quand le temps est beau, la maison est tout ensoleillée et, l'été, la fraîcheur des arbres garantit de la chaleur. C'est si calme et si tranquille ici, que l'on croit être à plusieurs lieues de Paris.

La maison a dû être construite au siècle dernier; elle est ornementée dehors et dedans, et du style Louis XVI.

C'est ici que nous sommes arrivés, maman, mon frère et moi, dans l'après-midi. Nous avons d'abord été reçus par les aboiements d'un bon chien, qui m'a rappelé Phénor. Une belle chatte noire et deux petits nourrissons tout blancs jouaient sur le gazon. Nous avons regardé avec le plus grand plaisir ce joli tableau de famille.

Mlle D..., la directrice, est venue nous accueillir. Elle ne m'a pas fait l'impression d'être très sévère. J'ai pensé, en la voyant, que je ne serais pas malheureuse.

Ma mère est très satisfaite. On m'a tout de suite fait conduire dans une jolie chambrette, qui sera la mienne tout le temps que je passerai ici.

Une gentille femme de chambre, qui est dans la maison depuis longtemps, m'a aidée à mettre toutes mes affaires en place. Elle m'a renseignée sur mes voisines de chambre. L'une est une Anglaise, elle a dix-neuf ans; l'autre, une Finnoise, elle a dix-sept ans. Il y a trois Américaines. Ici, les pensionnaires sont de nations différentes, et le nombre est de douze à quatorze. C'est comme une famille.

Après une longue causerie avec la directrice, ma mère est partie en la priant de me faire conduire à l'hôtel, le lendemain à neuf heures.

Le soir, au moment de nous mettre à table, Mlle D... m'a présentée à mes futures compagnes. J'ai dû être à leur goût, car tous les regards, qui se sont dirigés sur moi, m'ont paru bienveillants, et je suis persuadée que j'aurai en elles de bonnes camarades; toutes ces demoiselles sont de bonnes familles et très bien élevées.

Tous les mois, on a une soirée musicale; mon frère est invité à y assister. Les pensionnaires ne sont pas de toutes jeunes filles. Pour le moment, je suis la plus jeune de la maison, et je crois aussi la plus étourdie. Ces jeunes étrangères parlent toutes plusieurs langues; elles viennent à Paris pour se perfectionner dans la langue française, qu'elles parlent assez gentiment. Il y en a qui peignent très bien. Nous avons aussi de bonnes musiciennes.

Après le dîner, nous sommes allées au grand salon, et plusieurs de ces jeunes filles ont joué du piano d'une manière admirable. L'une d'elles a pincé de la harpe ; cela m'a rappelé mon enthousiasme pour ces petits Italiens, ces musiciens ambulants qui viennent à R... chaque printemps.

Je me trouve bien peu expérimentée à côté de mes nouvelles compagnes. Dans tous les cas, je ne puis commencer mes études **avant** le départ de maman. J'appréhende ce moment. Je ne veux pas y penser ; mon cœur se serre à m'étouffer.

Je veux être forte, chère Marthe, et mettre à profit mon séjour loin de toi, loin de tout ce que j'aime. Je te donnerai les détails que je croirai t'être agréables sur tout ce que je verrai à Paris. Je ne veux pas faire comme les Parisiennes. On m'a dit que la plupart ne connaissent pas, ni ne désirent voir ce que notre belle capitale possède de merveilles en curiosités de toutes sortes.

Quand je quitterai Paris, je ne veux pas avoir à me reprocher une indifférence coupable ; lorsque, placée au milieu de tant de chefs-d'œuvre, je n'aurai que le plaisir de les admirer.

Paris possède la baguette magique du bon goût ; c'est la ville reine, couronnée de tous les feux du génie ; mais, ma chérie, ne t'attends pas à des lettres qui te parleront seulement modes et chiffons ; tu sais que je ne suis pas douée pour cela, et si, par incident, je vais chez quelque grand couturier de la capitale, ce sera plutôt par curiosité et pour voir quelques échantillons de son art, qui est, d'après ce que me dit maman, très lucratif à Paris, puisque plusieurs de ces artistes possèdent des châteaux magnifiques. Chez nous, les châteaux nous viennent de plusieurs générations d'aïeux, et il faudrait confectionner bien des robes et des manteaux pour acquérir

LA PENSION

seulement une ferme; mais la plupart des dames parisiennes paient le temps qu'elles passent chez leur couturier, où elles vont choisir des toilettes qu'elles délaissent après les avoir mises une ou deux fois. Elles paient bien largement leurs marques, car chaque toilette est signée comme un tableau ou une œuvre d'art.

Je me sens parfois agitée et craintive, depuis que j'ai quitté la maison. C'est la première fois qu'une lettre est l'intermédiaire de nos confidences. Comment va se passer le temps de notre séparation? N'es-tu pas trop solitaire? Je pense beaucoup à toi, et je t'aime de tout mon cœur.

Adieu, Marthe chérie, pense à ta cousine.

ROSE.

III

CHÈRE MARTHE,

Me voici de nouveau avec toi. J'ai hâte de te dire
ce que j'ai fait depuis ma dernière lettre. Selon le
désir de maman et le mien, j'étais rendue à l'hôtel à
neuf heures.

Mon frère est venu à midi, pour déjeuner avec
nous. Nous avions déjà fait quelques achats utiles au
Louvre. J'aurais bien voulu t'avoir avec moi pour
admirer toutes les belles choses que j'ai vues.

L'hôtel du Louvre est immense. Il occupe le milieu
de la belle rue de Rivoli et se trouve en face du beau
palais, dont il porte le nom. J'ai admiré ce palais
le soir, accoudée au balcon de la fenêtre de la chambre
occupée par maman. Cet édifice est imposant par sa
masse et son architecture. Je l'ai contemplé à la
lumière du gaz et par un superbe clair de lune; aussi
c'était splendide et d'un aspect grandiose et étrange.

Il y a plusieurs grands et beaux magasins de nouveautés, à Paris. Ce sont des bazars splendides, où
l'on trouve presque tout ce que l'on peut désirer, et
des marchandises à tous les prix..., des objets de
quelques centimes jusqu'à plusieurs milliers de francs.

Les principaux sont les Grands Magasins du Louvre,
que tu connais déjà; le Bon-Marché et le Petit-Saint-
Thomas. Ces deux derniers sont de l'autre côté de la
Seine. Nous irons un de ces jours, et je t'en parlerai.
Non loin de nous, se trouve le Magasin du Printemps,

que l'on vient de reconstruire. Il est fort beau avec sa façade élégante et coquette.

Les marchandises de tous ces magasins rivaux sont de fort bon goût. Les employés, dames et messieurs, sont toujours polis, agréables et empressés pour la clientèle.

Ce qui est très encourageant, c'est que l'on peut rendre les marchandises qui ne répondent pas à l'idée qu'on en avait en les achetant. On les reprend; même on rend l'argent ou on les échange pour d'autres objets qui conviennent davantage. Il est bon, cependant, de ne pas faire un abus de cette complaisance.

Vers deux heures, nous sommes allés chez les Deratier. Leur hôtel est à dix minutes de la pension. Ils ont un domestique pour concierge, et celui-ci annonce les visites par un coup de cloche.

Aussitôt que l'on entre, on peut déjà pressentir tout le luxe qu'il y a chez le grand industriel. L'escalier est entièrement garni de tapis anciens et richement décoré. Un valet de pied, en livrée bleue et or, s'est présenté pour nous introduire dans un magnifique salon deux fois grand comme le nôtre à R... Les rideaux et les portières à l'italienne sont en velours grenat brodés de vieil or et les stores sont roses. On y voit beaucoup d'objets d'art; c'est presque comme un musée. Derrière les vitrines, on voit des porcelaines de Sèvres, de Saxe; des émaux, des bijoux anciens et une foule de curiosités, çà et là, sur des socles et des colonnes, des bronzes et des marbres anciens, et aux murs des tableaux de maîtres dont le choix est, parait-il, irréprochable. Les meubles sont de différentes façons.

Un superbe tapis d'Aubusson est tendu dans toute

la pièce et d'autres salles contiguës. Il y a, au-dessous d'un magnifique lustre, une borne surmontée des trois Grâces qui tiennent un palmier au-dessus de leurs gracieuses têtes.

Nos amis habitent un vrai petit palais.

Mme Deratier était seule. Elle s'est avancée vers nous tout aimable et toute joyeuse. Elle m'a embrassée, ainsi que ma mère, à plusieurs reprises et m'a même appelée sa seconde fille. Comme toujours, je pense qu'elle est très bonne. Cécile était dans un salon à côté, avec une jeune institutrice anglaise. Mon frère était déjà auprès de ces deux jeunes filles; ils avaient l'air d'être fort bien ensemble. J'ai même entendu Paul parler en anglais. Je ne sais pourquoi; mais il m'est venu une foule d'idées. Il m'a semblé que Paul se trouvait un peu chez lui et j'ai vu à quelque temps de là Cécile prendre place dans la galerie des tableaux de notre famille. Ce mirage deviendra-t-il une réalité? Je trouve cela bien étrange!

Cécile s'est avancée vers nous toute radieuse. Elle nous a embrassées avec effusion et a promis à ma mère de ne pas me laisser m'ennuyer. Elle veut me traiter comme sa meilleure amie, mais tu sais, chère Marthe, que tu seras toujours ma préférée, ma sœur chérie.

Cécile était mise avec beaucoup de goût. Sa toilette était simple et sa robe lui allait à ravir. On voit bien vite que l'on est à Paris, la ville des vrais artistes. Demain nous devons dîner chez eux en famille. M. Deratier était absent. Il avait un rendez-vous avec un ingénieur qui dirige son usine.

Nous sommes restés plus d'une heure avec ces

dames. Nous avons parlé d'une foule de choses : de
Paris, de R..., et tu n'as pas été oubliée!

Pour continuer ma lettre, je te parlerai aujourd'hui
de Paris. J'aime déjà cette grande ville; je dirai plus,
je l'admire presque dans tout ce que je vois.

Tu vas m'appeler méridionale et dire que je m'enthousiasme! Je crois qu'à ma place tu ferais comme
moi. Paris est grandiose. Les rues sont très bien
tenues et ses voies magistrales annoncent la cité uni-
verselle. Sous Napoléon III, on y a fait de grandes
transformations. Quelques rues sont très bruyantes;
il y a une quantité innombrable de voitures. On voit
dans les rues des petits marchands qui attirent l'attention des passants en criant sur tous les tons le prix
de leurs marchandises. On entend des cris de toutes
sortes.

Figure-toi qu'un petit marchand de mouron est
venu à moi ce matin. Il m'a présenté une botte de
sa verte marchandise avec ces mots : « Achetez-moi
du mouron pour vos petits oiseaux! » J'ai pensé à
nos chers favoris et ce pauvre enfant avait une si
bonne mine, que je lui ai donné une pièce de mon-
naie en lui laissant son mouron dont j'aurais été fort
embarrassée. Il semblait très étonné et heureux, je
t'assure. Cette petite scène de rue a bien amusé
maman.

On entend les cris de tous les métiers de Paris :
des vitriers, des étameurs, des marchands de vieux
habits, des rempailleurs de chaises, des raccommo-
deurs de fontaines, etc. Ces deux derniers sont des
types à noter. Ils chantent et débitent des tirades qui
ne finissent pas; puis les bruits des cornets de tram-
ways qui circulent dans la ville se mêlent à tous

les autres qu'on ne peut pas seulement comprendre.

On voit beaucoup d'étrangers à Paris et l'on entend parler toutes les langues. Paris est une ville cosmopolite; mais il y a dans cette population mélangée beaucoup de méchantes gens; aussi l'on dit que la police est très bien organisée. Il est bon, ici comme partout, d'être sur ses gardes. Les Parisiens sont en général polis et complaisants; on peut cependant trouver des exceptions.

Au grand plaisir de Paul, nous sommes, maman et moi, allées commander mes robes chez la couturière de Cécile. Arrivées rue B..., nous cherchions la concierge pour avoir des renseignements sur l'étage qu'habite Mme P., quand une femme, à la mine peu agréable, s'est montrée avec un balai à la main et, au lieu de nous répondre, elle a grondé après un chien qui était là et qu'elle croyait nous appartenir. Un gamin, comme il y en a beaucoup à Paris, passait en ce moment et tout à coup il a fait des grimaces et a crié d'une voix perçante : « Voilà la vieille Pipelet qui se fâche parce qu'on ne lui a pas donné la pièce blanche! » Alors le balai s'est tourné vers ce garçon qui s'est enfui en riant. Pendant cette double scène, j'avais déjà aperçu, fixé au mur, un écusson qui nous renseignait. Nous nous sommes vite éloignées de cette méchante femme, qui n'a pas pris la peine de nous faire des excuses. C'est ma première expérience désagréable à Paris. Raconte cela à mon père; il s'en amusera.

Nous habitons la rive droite de la Seine. C'est la partie la plus animée du Paris de nos jours. Il y a les rues les plus fréquentées et les plus remarquables; les grands boulevards, le beau Palais-Royal avec ses magasins de bijoux; le vieux Louvre. Tu sais que le palais des Tuileries n'existe plus. Les insurgés de la Commune de 1871 ont détruit ce souvenir commencé par Catherine de Médicis, de cruelle mémoire (1564). C'est un acte de vandalisme sans précédent. On a percé une rue qui a pris le nom du palais et qui va de la Seine à la place Rivoli, où se trouve la statue équestre de Jeanne d'Arc.

Oui, chère Marthe, Paris est une ville superbe. J'ai sous les yeux plusieurs pages de l'histoire de notre beau pays. C'est la scène du monde la plus intéressante. Beaucoup de jeunes filles françaises, parmi celles qui sont élevées en province, ignorent tout ce que notre belle capitale a de beau et d'attrayant. C'est la ville de l'art par excellence. Victor Hugo a dit en parlant de Paris : « C'est là que le genre humain est venu se concentrer. Le tourbillon des siècles s'y creuse, l'histoire s'y dépose sur l'histoire, le passé s'y approfondit, lugubre. C'est Paris et l'on médite comment s'est formé ce chef-lieu suprême. »

Eugène Pelletan dit aussi : « Il y a sans doute puérilité pour une nation, pour une ville, à dire : « Je suis la première nation, je suis la première capi- « tale ». Il n'y a pas de première nation ni de pre- mière capitale; il ne saurait y en avoir, car chacune a son œuvre et sa part de gloire au soleil.

« Mais lorsqu'on fait du regard le tour de l'Europe et qu'on cherche la ville qui en représente le mieux la moyenne, ce n'est pas Londres, qui est une ville essentiellement commerçante; ce n'est pas Berlin, qui est une université; ce n'est pas Vienne, la ville des concerts; ce n'est pas Florence, la ville des musées; ce n'est pas Pétersbourg, la ville militaire. Qui est-ce

donc, si ce n'est la ville à la fois commerçante, industrielle, poétique, artiste, littéraire, savante? La ville
de Paris; en un mot, la reproduction exacte de
chaque peuple pris en particulier et en même temps
élevé à sa dernière formule, si bien que si chaque
peuple avait à nommer la capitale de l'Europe il
mettrait le doigt sur Paris et dirait : La voilà! »

Maxime du Camp dit encore : « Il n'y a pas une
capitale parmi celles qui grandissent, celles qui
meurent, celles qui sont mortes, qui ait jamais produit
une impression aussi énorme que Paris. »

Aussitôt que je serai complètement installée à la
pension, je te donnerai les détails de tout ce que je
verrai.

Nous avons deux après-midi de grandes sorties par
semaine. En attendant, laisse-moi jouir de ma mère
dont le départ approche.

Adieu, chère Marthe, crois toujours à la tendre
affection de ta cousine.

ROSE.

IV

CHÈRE MARTHE,

Voilà plus d'une semaine que maman m'a quittée, et à mon grand étonnement je supporte mon sort avec beaucoup de courage. J'envisageais le moment de cette séparation comme une terrible épreuve pour moi. Je suis loin de vous tous, de toi, ma compagne d'enfance et presque ma sœur. Pourquoi n'es-tu pas ici avec moi et pourquoi ta santé n'est-elle pas meilleure ?

Maintenant, nous n'avons que la correspondance pour nous communiquer nos pensées et les incidents qui font partie de la vie des jeunes filles.

Ma mère a dû vous raconter tout ce que nous avons fait pendant le temps de son séjour ici. La réception qui nous a été faite par les Deratier, son dîner à la pension, etc.

Relativement parlant, je me trouve bien ; je suis bien entourée. Les maîtresses, les pensionnaires, jusqu'aux domestiques, tout le monde me plaît. Je suis au courant des études. Tu auras régulièrement un récit de mes occupations. Toi, tu me parleras de ma petite ville de province, de notre chère maison ; j'y pense bien souvent.

Je vous vois tous vaquer à vos occupations diverses et il me semble lire sur vos chères figures que vous n'oubliez pas les absents et que chacun de vous pense à eux en silence. Et mes chers favoris ? ca-

 resse-les pour moi; je pense déjà à ce que je leur
apporterai à mon retour. Un beau collier en nickel
pour Phénor, une belle cage pour nos oiseaux et un
coussin en peluche pour Minette et sa famille. Pour
toi, ma chérie, je ne veux pas te le dire. Je veux t'en
laisser la surprise.

En attendant le bonheur de vous revoir tous,
écoute comment je passe le temps à la pension.
Toute la matinée, depuis huit heures du matin, nous
travaillons à nos diverses études avec les professeurs
et les institutrices. L'après-midi, nous préparons les
leçons du lendemain et puis nous sommes libres
jusqu'au dîner. Deux fois par semaine, on nous
accompagne pour visiter les curiosités de Paris; les
autres jours, les promenades sont plus courtes.
Chaque soir, après le dîner, nous sommes réunies à
la salle d'étude et une institutrice nous fait la lecture
à haute voix d'un livre choisi par la directrice. A dix
heures, nous allons dans nos chambres. Quelquefois
on nous conduit à la Comédie-Française. Nous
aimons beaucoup ces soirées d'hiver. Nous travaillons
à nos ouvrages manuels en écoutant la lecture. Je
fais en ce moment une broderie qui est très en vogue
à Paris. On l'appelle broderie russe. C'est tout sim-
plement le point de marque sur de la toile de la
couleur que l'on veut, brodée avec du coton rouge
et bleu. Je ne pense pas pouvoir terminer cet ouvrage
à moi seule. Je t'enverrai quelques bandes et, quand
tout sera fini, nous garnirons les meubles du grand
cabinet de toilette près de la salle de bains. Tu me
diras si ce travail te plaît.

Tous les mois, ainsi que je te l'ai déjà dit, nous
avons une soirée musicale et déclamatoire. Tous les

professeurs y assistent et quelques amis de la directrice. On entend des monologues très amusants et très.comiques.

Tous les lundis, nous avons un cours de littérature ancienne, et les jeudis la littérature moderne. Un professeur vient commenter avec nous les œuvres de tous nos grands hommes littéraires. J'admire Molière, Corneille et Racine, ces scrutateurs du cœur humain, et, de nos jours, Victor Hugo, Leconte de Lisle, Sully Prudhomme, François Coppée, etc., enfin toute cette foule d'écrivains remarquables, dans tous les genres, que la France compte depuis la Renaissance jusqu'à nos jours, et dont la plupart sont inconnus de beaucoup de jeunes filles françaises et étrangères.

Tous les jeudis, je vais chez les Deratier après le second déjeuner jusqu'à dix heures. Cécile est de plus en plus aimable avec moi; elle me traite avec beaucoup d'amitié et me parle souvent de toi. Je crois même qu'elle a parlé de t'écrire. Paul est invité à dîner tous les jeudis, et il y vient souvent.

Cécile a beaucoup d'amies; il ne me sera pas toujours possible de prendre part aux distractions de ces jeunes filles; mais je profiterai de toute ma liberté pour m'initier à la vie parisienne, qui, je crois, ne manque pas d'intérêt. La société des Deratier étant des meilleures, je serai dans un bon milieu pour en jouir; mais ce n'est pas là que je verrai ces déshérités de la fortune qui, le matin, ne savent pas où trouver le pain qui doit les nourrir. Ici, au contraire, la préoccupation principale est de savoir comment on passera le temps sans ennui, et quelle jouissance nouvelle viendra se joindre à celle de la veille, déjà émoussée. N'ayant pas l'obligation de se procurer les premiers besoins de l'existence, ces dames cherchent à passer le temps le mieux possible.

Cécile m'a dit qu'elle patronnait plusieurs ventes de charité. C'est, en effet, une distraction qui fait du bien à la conscience. Ces dames s'occupent de bonnes œuvres, et celles qui ne donnent pas le travail de leurs mains donnent de l'argent en compensation. Au moment des ventes, le public en est informé par des cartes que l'on distribue à la sortie des offices religieux. Ces cartes portent les noms des dames patronnesses, afin que nul n'ignore que, pour l'amour de leur prochain, elles se feront vendeuses comme de simples dames de magasin. Mais ces marchandes d'occasion auront d'abord le soin de penser aux nouveaux costumes qu'elles mettront pour cette circonstance, et cette dernière préoccupation n'est pas la moindre; car malheur à la couturière qui ne sera pas exacte, elle apprendra à connaître la charité de sa cliente. Une conversation que Cécile a eue avec son amie Mlle Dulac m'a mise au courant de ce qui se passe dans ce monde nouveau, où le désir de mon père m'a fait entrer.

Je reviendrai plus riche d'expérience, et quand je voudrai soulager mon prochain et lui faire du bien, je le ferai comme maman, avec le moins de bruit possible et tout discrètement.

Tu le vois, chère Marthe, j'ai vite conjuré le chagrin que le départ de ma mère me causait, par ma ferme résolution au travail. J'ai regardé courageusement devant moi; je veux mériter, par mon application, les sacrifices que l'on fait pour m'instruire. Je

LES PENSIONNAIRES

dépends de ma conscience; je travaillerai, sachant que mes parents ont en horreur toute instruction superficielle.

J'ai un très bon professeur de piano. Il nous a donné un morceau à quatre mains avec Betty, une jeune Allemande. Je suis la moins habile, et il faut que samedi soir, jour de réunion, notre exécution ne laisse rien à désirer, d'autant plus que j'ai écrit à mon frère pour l'inviter. Je pense qu'il viendra à notre petite soirée de pensionnaires; il sait que Cécile et sa maman sont invitées. J'en ai parlé jeudi dernier. Cécile et Paul ont échangé des regards; leur amitié devient de plus en plus tendre. Paul prétendait d'abord ne pas avoir le temps; il a parlé d'un examen difficile; Cécile a dit que quelquefois il était bon de passer du grave au gai. Ceci a, je crois, décidé notre cher docteur à venir.

Que penses-tu de mes remarques? Je commence à ouvrir les yeux, et cela m'amuse. Que résultera-t-il? Le bon M. Deratier pourrait bien avoir ses projets à lui, et, comme il a des millions, il lui est permis de rêver un gendre comme il le voudra.

J'ai encore appris qu'à Paris on pouvait, avec de l'argent, avoir le blason que l'on désirait. Les titres de baron, comte, marquis, duc et même prince sont quelquefois disposés à traiter un marché avec de riches roturiers, en épousant leurs filles; et cela s'appelle : redorer le blason!

Attendons... l'avenir nous dévoilera ses secrets.

Écris-moi bientôt, et aime toujours ta cousine.

ROSE.

V

CHÈRE MARTHE,

Notre soirée s'est très bien passée. C'était charmant. Le morceau à quatre mains a été applaudi; mais je n'étais pas très brave. Tu sais qu'il m'a toujours été un peu pénible de jouer devant un public étranger. Nos toilettes étaient de vraies toilettes de pensionnaires : simples, jeunes et fraîches. Dis à maman que j'ai reçu toutes mes robes et qu'elles me vont très bien. Paul m'a fait des compliments. Il continue à se moquer de moi et à me taquiner de plus belle. Il dit que je commence à prendre un cachet parisien, et qu'à mon retour à R... on ne me reconnaîtra plus. Je suis habituée à ses malices, et je ne m'en inquiète pas.

Mme Deratier et Cécile étaient avec nous. Cécile a été très entourée; elle a eu les honneurs de la soirée. Elle était fort jolie et très bien mise, avec une robe de soie rose très simple, qui faisait ressortir l'éclat de ses beaux yeux noirs. Chacun était flatté de danser avec elle. Paul a été très empressé. On a prié Cécile de chanter; elle s'en est tirée à merveille, et nous a dit en artiste une romance inédite qu'on lui a fait chanter deux fois. J'étais émue de son succès, car c'est moi qui l'accompagnais. Sa voix est agréable, et puis elle a d'excellents maîtres. Je dois en outre convenir qu'elle est charmante et naturellement gracieuse dans tout ce qu'elle fait.

Les semaines passent bien vite. Voilà deux mois que je suis à Paris. Tu me demandes des détails sur nos divers cours et surtout sur Paris. Il me faudrait te faire un grand volume, si je te résumais l'histoire de notre belle capitale, même bien sommairement. Si Paris était, comme autrefois, le petit village de Lutèce, je n'aurais pas beaucoup à narrer ; mais il y a loin de Lutèce au Paris de nos jours, capitale de l'univers !

Ce matin, notre professeur était en verve plus que d'habitude. Il avait l'air heureux et satisfait de tout le monde. En arrivant, il a d'abord braqué son lorgnon, c'est un verre fumé ; il a regardé toutes ses élèves, et puis ses manchettes, qui sont toujours d'une blancheur irréprochable. Ses mains, dont il est un peu vaniteux, sont très belles. Aussi les met-il bien en évidence, sans doute pour les faire admirer. Plusieurs élèves les ont dessinées. Je veux t'en envoyer un exemplaire. Malgré ces remarques un peu malicieuses, je m'incline avec respect devant la science de mon professeur et j'aime bien ses cours.

Aujourd'hui, il nous a fait l'historique de Paris tel que je te l'envoie, et de sa voix la plus agréable.

Il nous a rappelé que Paris était autrefois une de ces bourgades gauloises que nos aïeux établissaient dans les îles des grandes rivières ; d'abord pour y grouper quelques cabanes de pêcheurs, puis pour y chercher un refuge en temps de guerre. On l'appelait Lutèce, ce qui veut dire : « habitation au milieu des eaux ». Quelques huttes, de grands bois, de vastes marais, telle était la future capitale de cette Gaule où une Providence tutélaire semblait avoir tout disposé, mer, fleuves, montagnes, pour en faire un jour le lieu le plus florissant du monde.

Julien désignait Paris sous le nom de Lutèce; mais Ammien-Marcellin commença à l'appeler Paris à partir de l'année 365, et ce dernier nom est le seul qui se retrouve dans l'histoire depuis cette date.

L'empereur Julien, qui était aussi un auteur célèbre de son temps (361), fut proclamé Auguste par ses soldats dans sa chère Lutèce. C'est là qu'il écrit ce qui suit : « Ma chère Lutèce, dit-il, est bâtie au milieu d'un fleuve, sur une petite île que deux ponts rattachent de chaque côté de la terre ferme. Ce fleuve ne change pas avec les saisons et n'est pas moins navigable l'été que l'hiver. L'eau en est excellente à boire. Le climat est doux et tempéré, peut-être à cause de sa proximité de la mer, et les vignes y sont de bonne qualité et en grand nombre. »

Après l'empereur Julien, sa chère Lutèce tomba dans l'obscurité. Jules César fait mention de Paris 53 avant J.-C. Il y convoqua une assemblée de Gaulois.

C'était alors le Paris des Romains et des Francs.

L'histoire de Paris, après celle de Rome, est la plus douloureuse et la plus sanglante de toutes les histoires de villes.

Sous les rois de la première race, les Normands vinrent l'assiéger pendant huit mois. Le comte Eudes défendit vaillamment la ville. L'historien Henri Martin dit que, par ce siège héroïque, Paris inaugura ses grandes destinées. Il fut désormais la tête et le cœur de la France.

Sous Louis VI, les Parisiens réglementèrent la navigation de la Seine. Ce fut le premier pas de son génie commercial et industriel, et probablement ce fut aussi l'origine de son blason.

Les armoiries de Paris sont de gueules à un navire frété et voilé d'argent, flottant sur les ondes de même, au chef semé de France. La devise, très expressive, est en latin : *Fluctuat nec mergitur;* ce qui veut dire : « Il flotte et ne sombre pas ».

Nous avons pris des leçons d'histoire ensemble, et tu sentiras, aussi bien que moi, toute la vérité de cette devise.

Sous Philippe-Auguste (1233), Paris s'agrandit beaucoup; sa population s'augmenta sous Louis IX, et, à la fin du xvᵉ siècle, Paris était déjà, par le nombre de ses habitants, l'une des villes les plus importantes de l'Europe. On venait, de toutes les parties du monde, suivre les cours de ses écoles, les leçons de ses maîtres, et c'est à cette époque que son caractère et sa physionomie générale étaient fixés.

Le moyen âge, cet âge d'obscurité, a été, pour la France et pour Paris, une époque d'affreuses souffrances. On a désigné les xᵉ, xiᵉ et xiiᵉ siècles l'âge de sang et de boue.

La grande cité continua toujours à progresser et à augmenter le nombre de ses monuments. François Iᵉʳ, écrivant à Charles-Quint, lui disait : « Paris n'est pas une ville, c'est un monde. »

Ainsi que nous le savons, François Iᵉʳ fut l'ami des arts. Il attira à sa cour des artistes italiens et on entreprit de grands travaux sous son règne; ils furent continués par Henri II et Charles IX.

Les guerres civiles du xvᵉ siècle, les misères de la guerre de Cent ans, replongèrent la France au plus profond de l'abîme et l'intervention étrange et presque miraculeuse de Jeanne d'Arc, bergère de

Domrémy, lui devint bien nécessaire, car on parvint à chasser l'étranger.

Ne penses-tu pas comme moi que l'Ange protecteur de notre belle France s'est montré sous des formes très sympathiques? D'abord, Geneviève, qui, selon la légende religieuse, sauva Paris en repoussant le terrible Attila ; et puis Jeanne d'Arc. Mettons ces deux jeunes filles à côté de nos grands capitaines, de nos grands hommes d'État et même de nos grands écrivains, qui tous par leurs actions diverses ont été sublimes de courage et de dévouement pour la patrie.

Le règne de François Ier ne fut pas très paternel. Plus tard, sous Charles IX (1572), le tocsin sonnait à la vieille église de Saint-Germain-l'Auxerrois. Il donnait le signal de la Saint-Barthélemy.

Puis, Paris eut à soutenir un siège désastreux contre le roi de Navarre. Un auteur de ce temps dit que peu de maisons étaient entières et sans ruines; l'herbe croissait dans les rues.

Malgré ses souffrances séculaires, Paris parvint à réparer ses pertes. Le règne de Louis XIII fut signalé par des progrès matériels et intellectuels et, par suite de la création de l'Académie française (1635), de l'Imprimerie royale et du Jardin des Plantes, appelé d'abord Jardin du Roi, Paris devint officiellement la capitale scientifique et littéraire de la France.

Sous Louis XIV, la direction des bâtiments fut confiée à Colbert (1664). Ce ministre continua les embellissements de la capitale avec beaucoup d'activité. L'architecture de cette époque était en harmonie avec la peinture, la sculpture et les productions littéraires. Le règne du grand roi fut fécond en grands hommes de toute espèce.

Le principe de grandeur qui avait dominé avec exagération sous le règne de Louis XIV sauva l'architecture d'une décadence complète dont la menaçait le règne de Louis XV; la corruption du goût devait être la conséquence de la corruption des mœurs. C'est cependant du règne de Louis XV que datent la plupart des hôtels du faubourg Saint-Germain et ces hôtels offrent le plus beau modèle qu'on puisse trouver d'une habitation noble, somptueuse et agréable. L'hôtel du faubourg Saint-Germain est un type tout à fait français, il n'existe rien d'analogue dans les autres pays de l'Europe.

A partir de la Révolution (1789), l'histoire des monuments de Paris se confond avec l'histoire des événements.

Napoléon parut, et, nouveau César, il rêva la création d'une nouvelle Rome. Quelques hommes entraînés par sa puissante volonté commencèrent à imiter l'art antique. La France n'était plus la France; c'était un nouvel empire romain qu'il s'agissait de ressusciter. On rêvait de transporter à Paris les forums de Rome avec leurs temples, leurs arcs de triomphe, leurs demi-dieux. Chef d'une république qui avait brisé l'ancienne monarchie, Napoléon désirait en former une nouvelle; il préférait cette imitation qui remontait à dix-huit siècles, à celle qui n'eût été que la continuation du style français.

Paris subit de grandes modifications sous la Restauration et sous Louis-Philippe; mais c'est surtout sous Napoléon III que Paris s'est agrandi et transformé. On y dépensa des sommes énormes.

Paris eut à souffrir de la guerre contre les Allemands, mais la Commune commença une guerre

civile sans exemple et plus désastreuse que la première.

M. Thiers fut nommé président de la troisième
République (1871-1873) et c'est sous son gouvernement que Paris montre à nouveau sa puissance et
son génie. Il se relève de ses terribles épreuves et
justifie mieux encore que jamais sa belle devise :

Il flotte et ne sombre pas.

Aujourd'hui le cours de littérature a été remplacé
par un cours d'histoire qui nous a toutes intéressées.
Je t'en envoie le résumé, pensant t'être agréable.

Adieu, bonne Marthe, aime toujours ta cousine
affectionnée.

ROSE.

VI

CHÈRE MARTHE,

J'ai reçu ta bonne lettre et toutes les nouvelles que tu me donnes de R... et de ceux que j'aime m'ont fait plaisir. Je suis heureuse de savoir que l'on ne m'oublie pas. Dis à Louise que je lui écrirai sous peu.

Tu me dis que Cécile Deratier t'a écrit et qu'elle te dit beaucoup de bien de moi. Je ne suis peut-être pas si sage qu'elle le pense, n'est-ce pas ? Inutile pourtant qu'elle sache les petites remarques dont je t'ai fait part ; elles sont sans malice.

Puisque mes lettres ne t'ennuient pas et que tu veux que je t'initie à tout ce que je fais et particulièrement pour ce qui regarde Paris, je te dirai que hier, c'était le jour de grande sortie.

Le temps était superbe, on aurait pu se croire au mois de juin ; nous sommes sorties tout de suite après le second déjeuner. D'abord nous sommes allées à l'arc de triomphe de l'Étoile, ainsi appelé parce qu'il y a au pied de ce monument douze avenues qui rayonnent et forment comme une étoile. Quelques-unes de ces avenues conduisent dans Paris ; d'autres vers les environs.

La superbe avenue des Champs-Élysées qui va jusqu'à la place de la Concorde ; l'avenue Hoche qui va jusqu'au parc Monceau ; l'avenue Wagram ; l'avenue Kléber. C'est au n° 19 de cette dernière que se trouve le beau palais de la reine mère, Isabelle d'Espagne. Nous avons vu cette reine sortir de son palais en voiture découverte ; elle était accompagnée de ses deux filles et d'une grandesse espagnole. Ses laquais portent les couleurs espagnoles, rouge, jaune et noir.

Plus près de l'Arc de triomphe, au coin de la rue de Presbourg, se trouve l'hôtel où est mort le roi Georges V de Hanovre. Les Parisiens avaient donné le nom d'Antigone à la fille aînée de ce roi, la princesse Frédérique, à cause du dévouement sans relâche que cette princesse a eu pour son noble père qui, comme tu le sais, était aveugle depuis longtemps ; puis l'avenue du bois de Boulogne, la belle avenue de la Grande-Armée, etc.

L'arc de triomphe de l'Étoile est le plus grand de tous les monuments de ce genre. Il est construit sur une éminence de terrain. Il est visible de presque partout aux environs de Paris. On devait l'appeler : l'arc de Marengo. Il fut commencé par Napoléon Ier en 1806. Cet empereur avait projeté d'élever quatre arcs de triomphe dans Paris. Le premier qui fut fait est l'arc de triomphe du Carrousel, sur la place de ce nom. C'est une imitation de l'arc de Septime-Sévère, à Rome. Les deux autres n'ont pas été construits ; l'un aurait été dédié à la Religion, l'autre à la Paix.

C'est sous Louis-Philippe, en 1836, qu'on a terminé le grand arc de triomphe de l'Étoile. Il a deux cent soixante et une marches sur un escalier en colimaçon qui est un peu sombre ; il mesure 50 mètres de hauteur, 45 de largeur et 23 d'épaisseur. Nous l'avons monté et, arrivées sur la plate-forme, nous avions une vue splendide sur Paris et les environs.

Les quatre pieds-droits de cet arc sont ornés de trophées de grandeur colossale. Les deux trophées du côté de l'avenue des Champs-Élysées représentent l'un, celui du nord, le Départ de 1792, par Rude ; l'autre, le Triomphe de 1810, par Cortot. Ce dernier est une apothéose de l'empereur.

Napoléon y est représenté couronné par la Victoire tandis que la Renommée proclame ses triomphes et que l'Histoire les grave sur ses tablettes. Des figures de villes soumises sont aux pieds du héros. Le trophée de Rude est le plus beau des quatre groupes.

C'est Bellone qui appelle les guerriers aux armes. Ce morceau est admirable et d'une éloquence suprême.

Les deux trophées opposés, qui regardent l'avenue de la Grande-Armée, représentent la Résistance et la Paix. Ils sont dus au ciseau d'Étex.

Dans le premier, un jeune soldat, qu'une femme tenant un enfant dans ses bras cherche à arrêter, défend le sol de la patrie contre les envahisseurs ; un jeune homme blessé embrasse ses genoux. Derrière eux, un cavalier tombe mortellement blessé.

Une figure colossale, représentant le génie de l'Avenir, plane sur le groupe et semble encourager le jeune soldat.

Dans le trophée de la Paix, on voit un guerrier, placé au centre de la composition. Il remet son épée dans le fourreau. Une femme, assise à ses côtés, tient sur ses genoux et caresse un enfant dont le frère s'appuie sur elle en lisant. Plus loin, un homme ajuste un soc de charrue ; un soldat laboureur dompte un taureau. Puis la figure de Minerve, emblème de

la Paix et des arts civilisateurs, domine l'ensemble
de la composition.

Il y a aussi des bas-reliefs dus à divers artistes
dont je n'ai pas retenu les noms.

On lit cent quarante-deux noms de batailles gravés
sous les voûtes de ce monument gigantesque et des
noms de généraux de la République et de l'Empire.

Je ne puis te dire l'impression que j'ai eue en
visitant l'Arc de triomphe. Je ne l'oublierai jamais.
Il consacre des souvenirs glorieux à la postérité et
sa situation est magnifique et imposante. De là, nous
avons longé l'avenue du bois de Boulogne. Elle est
bordée de chaque côté par une pelouse plantée
d'arbres et, de distance en distance, des corbeilles de
fleurs et des massifs d'arbustes.

On a construit de beaux hôtels particuliers; mais
aussi quelques maisons très hautes qui déparent un
peu cette belle avenue.

Nous sommes entrées au bois par la porte Dau-
phine. Ce bois est charmant et l'on a de la peine à
croire que c'est un faible reste de l'ancienne forêt de
Rouvray qui s'étendait au delà de Saint-Ouen. Cette
forêt fut longtemps mal famée et dangereuse. Il s'y
commettait des assassinats de toutes sortes. C'était
le repaire d'une foule de bandits et de voleurs.

Maintenant, c'est un endroit très agréable où je
reviendrai le plus souvent possible et avec le plus
grand plaisir. C'est la promenade favorite des Parisiens ; c'est une promenade délicieuse et pittoresque.
Il y a deux beaux lacs où l'on patine en hiver quand
il fait assez froid pour geler l'eau, et en été on s'y
promène en canots.

Le tour du lac est le but de promenade de ce que

l'on est convenu d'appeler le Tout Paris. Nous y avons vu de brillants équipages et des toilettes très élégantes.

Deux îles bien entretenues par un jardinier sont réunies par un pont de bois très pittoresque. Dans la première île se trouve un joli kiosque où l'on faisait de la musique, ce qui arrive toutes les fois qu'on donne une fête dans le bois de Boulogne. Cette fois, c'était la musique de la garde républicaine de Paris. Le chef a une grande renommée et il la mérite.

Toute l'eau qui se trouve au bois de Boulogne y vient artificiellement. On a creusé un puits artésien exclusivement pour cet objet.

Nous sommes allées jusqu'à la grande cascade. C'est une large nappe d'eau de sept mètres de hauteur qui tombe dans un grand bassin. Nous étions sur une petite colline et de là nous avions une vue superbe sur la vallée de la Seine. Tout près se trouve l'Hippodrome de Longchamp, le grand champ de courses ; et, presque en face, j'ai été ravie par un joli paysage que je voudrais bien t'envoyer, si je puis le peindre. Presque en face de la grande cascade, on voit certaines parties d'un ancien fossé que forment trois pièces d'eau réunies par un petit ruisseau. Ce ruisseau baigne le pied d'un vieux moulin que j'ai trouvé très pittoresque. C'est vraiment ravissant. Le Mont-Valérien, le plus grand et le plus fortifié des forts qui sont autour de Paris, domine tout le bois de Boulogne et toute la plaine de Rueil.

Tu sais que Paris est entouré de ses fortifications et de seize forts. Les fortifications ont 45 kilomètres d'étendue.

Nous sommes revenues par un endroit du bois, appelé le Pré Catelan. C'est un endroit de triste mémoire et pourtant c'est bien joli et on y a donné de grandes fêtes autrefois. Voici le récit que notre institutrice nous a fait sur cet endroit :

« Catelan vivait sous le règne de Philippe le Bel à la cour de Béatrice de Savoie. C'était un des troubadours les plus célèbres de son temps ; il vint à Paris et, à son arrivée dans cette ville, il n'y trouva pas le roi qui l'y avait fait appeler. Philippe le Bel, craignant qu'il ne pût traverser sans accidents la forêt de Rouvray infestée de malfaiteurs et de vagabonds, lui envoya une escorte de sa garde. Catelan eut l'imprudence de parler des riches présents que sa maîtresse l'avait chargé de porter au roi. Le chef de l'escorte et ses soldats l'entraînèrent aussitôt lui et son domestique à l'endroit où s'élève aujourd'hui la pyramide qui porte son nom et, après les avoir égorgés, ils les enterrèrent.

« Quelle ne fut pas leur stupéfaction ! la cassette de Catelan ne contenait que des liqueurs et des parfums. Ils se rendirent auprès du roi pour lui dire que le troubadour n'était pas venu au rendez-vous. Le roi désolé fit fouiller le bois et on retrouva les deux cadavres. Les coupables furent brûlés vifs ; le roi fit élever une croix sur le théâtre du crime ; cette croix a été remplacée au xviie siècle par la pyramide actuelle. »

Nous sommes entrées au Jardin d'acclimatation qui fait aussi partie du bois. Ce jardin est très intéressant. On y va comme but de promenade. En été, tous les dimanches et les jeudis, on y entend la musique.

J'ai vu de très beaux chiens et de charmants poneys. Je voudrais bien en avoir un quand je reviendrai à la maison. Dans ce jardin, il y a des plantes rares; il a été fondé pour introduire en France toutes les espèces animales et végétales utiles et agréables, domestiques ou sauvages; les multiplier et les faire connaître au public.

Ce qui m'a bien surprise et choquée, c'est d'y voir les nouvelles mariées dans leurs robes blanches s'y promener et même monter sur les éléphants. On dirait qu'elles ont attendu le jour de leur mariage pour se donner ce plaisir. C'est un peu rustique et même trop pittoresque dans une pareille circonstance.

C'est, comme tu le comprendras, la classe ouvrière et la petite bourgeoisie de Paris qui se donnent ce plaisir.

Aujourd'hui, ma lettre est bien longue. C'est presque un volume; rends-moi la pareille et aime toujours ta cousine.

ROSE.

VII

CHÈRE MARTHE,

C'était hier la Toussaint, et notre promenade a été
en harmonie avec le caractère de ce jour. Nous avons
visité une église et un mausolée. Figure-toi que, le
jour des Morts, on dépense, à Paris, plus d'un million
de francs pour acheter des fleurs, des bouquets et
des couronnes. Chacun apporte au cimetière un souvenir aux parents ou aux amis qui ne sont plus. Cette
fête est religieusement observée par toutes les classes
de la société. C'est touchant et triste à la fois.

En sortant de notre petite avenue, nous sommes
allées voir l'église russe, qui domine notre maison;
elle est construite dans le style byzantino-moscovite.
Les travaux ont certainement été dirigés par des
artistes russes. Le concierge nous a accompagnées
jusqu'au parvis, où l'on arrive par un escalier de
quelques marches.

Cette église est divisée en trois parties : le vesti-
bule, la nef et le sanctuaire. Elle est précédée du
parvis doré et elle est entièrement décorée de fresques
aux couleurs très vives et d'inscriptions en caractères
slaves.

Deux de mes compagnes, qui sont à la pension
depuis longtemps, m'ont dit que, tous les ans, aux
Pâques russes, l'église et le square sont illuminés
pendant toute la nuit. On peut très bien voir tout
cela de notre jardin. C'est dommage que ce bel édi-

fice soit si caché et presque entouré de hangars du
côté de la rue Daru. Les coupoles sont ornementées ;
leur élévation et surtout leurs fenêtres élégantes
donnent à l'ensemble quelque chose d'élancé. Le toit
est doré dans son entier.

En sortant de là, nous avons dirigé notre promenade vers les fortifications ; nous avons longé l'avenue
des Ternes, toute plantée d'arbres. A la porte des
Ternes, à gauche de l'avenue du Roule, se trouve un
mausolée surmonté d'une croix aussi de style byzan-
tin. C'est la chapelle Saint-Ferdinand. Elle a été
élevée à l'endroit où le prince Ferdinand d'Orléans,
fils aîné de Louis-Philippe, mourut d'une chute de
voiture.

Ce prince revenait de Neuilly, où la famille royale
avait un château, dans le parc aujourd'hui morcelé.
On y a élevé de beaux hôtels particuliers et de jolies
maisons entourées de jardins.

Nous nous sommes renseignées auprès d'un jardi-
nier-fleuriste qui nous a vendu de magnifiques roses
de son jardin, qui est près de là. Il est venu tirer le
cordon d'une sonnette attachée à une petite porte
grillée et, aussitôt, un ancien domestique de la
famille d'Orléans s'est avancé pour nous faire visiter
la chapelle. On y dit la messe tous les matins. En
entrant, on voit l'autel orné de cierges dans des
chandeliers d'argent. Les sièges prie-Dieu, brodés par
la reine Amélie et les princesses, sont noir et argent.
Le monument du prince est à droite ; il est en marbre
blanc et fait par le baron de Triqueti. Il est surmonté d'un ange en prière, œuvre de la sœur du
prince, Marie d'Orléans. Derrière l'autel, dans la
sacristie, et tout au fond, une peinture représente

une boutique d'épicier. C'est là que le prince fut recueilli et qu'il rendit le dernier soupir, entouré du roi, de la reine, d'autres membres de la famille royale et de quelques amis.

Ce prince devait être très beau ; on dit qu'il était intelligent, très bon, et généralement aimé des Français.

Sa femme, la princesse Hélène de Mecklemburg-Schewerin, était aux eaux de Plombières quand ce grand malheur arriva. Elle s'y était rendue avec peine ; on aurait dit que cette princesse avait le pressentiment de la triste fin de son époux. Le prince voulut l'y conduire. En quittant Paris, on passa devant un cimetière, dont l'entrée était bordée de petites boutiques garnies de couronnes et d'ornements funéraires. « Je déteste ces marchands qui exploitent la douleur », dit le prince. « Voyez, continua-t-il, en parcourant des yeux les diverses inscriptions, ils ont tout prévu. Voici des couronnes pour une jeune fille, en voici une autre pour un enfant en bas âge. » Ces mots émurent la princesse, qui pensa à ses enfants absents ; ses yeux se mouillèrent de larmes. Le prince sourit et lui dit : « Eh bien, non, ce sera peut-être pour un homme de trente-deux ans. » Elle releva la tête et, le regardant, lui reprocha affectueusement de ne chasser une triste image que par une image plus triste encore. Mais il réussit bientôt à la distraire. Ils arrivèrent à Plombières, où le prince ne devait rester que peu de temps. Vers le soir du jour qui précédait son départ, le prince parcourait avec sa femme la jolie vallée de Saint-Loup, et, voyant la princesse ramasser quelques fleurs des montagnes, il cueillit une touffe de scabieuses sauvages et les lui apporta. Ces tristes fleurs n'attirèrent pas alors l'attention; mais, plus tard, la pensée de ce bouquet de veuve revint à ceux qui l'avaient vu cueillir. Si tu aimes à connaître l'histoire de la vie de la duchesse d'Orléans, tu la trouveras dans la bibliothèque de ma mère; je t'engage à la lire. Tu sais que j'ai toujours eu une grande sympathie pour cette princesse.

Quand nous sommes rentrées à la pension, j'y ai trouvé Cécile et Mlle Dupré, sa dame de compagnie. C'est une demoiselle française, qui est dans la maison depuis très longtemps. Elle guide Cécile dans ses leçons et l'accompagne quand elle sort. La jeune Anglaise dont je t'ai parlé va trois fois par semaine chez Cécile pour faire la conversation en anglais.

Mme Deratier est un peu souffrante; elle est toujours très délicate; il lui faut constamment les soins d'un médecin.

Comme nous avions deux jours de fête, Mme Deratier a fait prier Mlle D.... de me laisser chez elle jusqu'au lundi suivant; Mlle D.... a accordé cela de bonne grâce; elle sait que mes parents désirent que je voie souvent nos amis. Je puis travailler à mes études, car tout est très bien installé chez Cécile. Mlle Dupré est fort aimable; elle m'explique tout ce que je veux savoir.

Je t'envoie un petit mot pour notre vieille Marianne. Tu le lui liras. Je la vois par la pensée joindre les mains en t'écoutant comme si elle entendait une prière. Pauvre vieille bonne! Dis-lui que je l'aime toujours bien et que j'espère la revoir encore. Adieu, Marthe chérie, je t'embrasse de tout cœur comme je t'aime.

ROSE.

VIII

Chère Marthe,

La semaine dernière, j'ai passé trois jours chez nos amis.

Mme Deratier est mieux; elle attend le printemps pour aller à sa maison de campagne, qui est près de Paris. Elle aime bien les conseils de Paul. D'ailleurs, toute la famille semble tenir mon frère en grande estime et voir en lui une future célébrité. Moi, je me prends aussi volontiers à cette jolie espérance. Peut-être sommes-nous tous un peu aveuglés par l'amitié.

Cécile ne dit pas ce qu'elle pense; mais elle a l'air embarrassée et paraît un peu agitée quand on parle de Paul et qu'il n'est pas là. Je ne sais que conclure; mais je crois bien que l'avenir nous réserve des surprises. Je ne veux pas tout confier au papier, j'aimerais bien avoir un moment de causerie avec toi. Cécile a vingt ans, Paul vingt-six; attendons! Je crois que ma mère a soupçonné et deviné les sentiments de ces deux jeunes gens. Ne t'a-t-elle rien dit à ce sujet? Dis-le-moi!.....

Nous avons dîné avec M. G..., notre député. Il savait par mon père que j'étais à Paris. On l'avait placé à table entre Mme Deratier et moi. Nous avons parlé de R..., il y viendra passer quelques jours à la fin du mois. Il vous donnera de nos nouvelles. Comme nous avons manifesté le désir d'assister à une séance à la Chambre des députés, M. G... nous a envoyé des cartes et hier, samedi, Mlle Dupré, Cécile et moi, nous étions installées dans une tribune, en compagnie d'autres dames très élégamment mises et aussi curieuses que nous.

Les discussions allaient bon train et nous entendions souvent : « Faites silence, messieurs ; un peu de silence, s'il vous plait. » On discutait très vivement et les ripostes des mécontents étaient quelquefois très impolies ; tellement que le président rappelait à l'ordre le député interrupteur. Le député qui occupait la tribune oratoire, située au-dessous du fauteuil présidentiel, parlait au milieu d'un tohu-bohu très désagréable. On entendait quelques ripostes que M. P. de C..., debout, les bras croisés sur sa poitrine, lançait comme des obus. L'orateur semblait d'abord prendre sa position en patience en s'humectant le gosier d'un breuvage de fort belle couleur et je crois aussi de fort bon goût ; puis, par trop contrarié, il a quitté la tribune à pas mesurés, sa serviette sous le bras, mais en ayant soin de vider encore une fois et très philosophiquement son verre. Nos honorables travaillent, mais ils prennent soin d'eux. On aurait dit que l'orateur, en s'éloignant, espérait, à chaque pas, être rappelé par le président, ce qui n'a pas manqué. La sonnette a été agitée et, sur la prière du président, l'orateur est revenu reprendre son discours qui, cette fois, a été mieux écouté et applaudi par des bravos du côté gauche ; souvent blamé et ridiculisé du côté droit ; au centre, indifférence absolue.

Telle a été cette séance à la Chambre des députés à laquelle j'ai été bien aise d'assister, au double point de vue de l'intérêt et de la curiosité. Mlle Dupré nous a fait marcher pendant toute une après-midi, Cécile et moi. D'abord nous avons parcouru dans tous les sens le parc Monceau que je n'avais vu qu'en passant. Mlle Dupré, qui connait tout l'historique de Paris, nous a dit que le parc Monceau doit son nom à un domaine qui avait appartenu à Philippe d'Orléans, dit Philippe-Égalité, père de Louis-Philippe. Ce parc fut transformé en 1778 en un délicieux jardin. Il devint, jusqu'à la Révolution, le rendez-vous du beau monde. On y donnait des fêtes de toutes sortes.

Napoléon Ier le donna à son chancelier Cambacérès qui le rendit bientôt à l'empereur, à cause des frais énormes que coûtait son entretien. Il est à présent la propriété de la ville, qui a permis de construire tout autour de beaux hôtels particuliers. Il y a quatre portes principales et ses curiosités sont : la rivière alimentée par la cascade, le petit bois et le tombeau qui s'y cache. La naumachie, qui est un vaste bassin ovale rempli d'eau, est entourée d'une colonnade corinthienne en ruines.

Des canards, des pigeons, de beaux cygnes s'y promènent. Nous leur avons jeté du pain qu'une marchande nous a vendu à la porte du parc. Un peu plus loin, un petit massif pittoresque de rochers forme une grotte où se sont formées de jolies stalactites; c'est de ce rocher que sort la cascade. Un ruisseau se déroule à travers une partie du parc et l'on passe sur un petit pont de pierres. Ce parc a un aspect enchanteur. Il est toujours très bien entretenu et chaque dimanche, de mai à octobre, on y entend la musique militaire dont les sons arrivent jusqu'à la pension. C'est un charmant but de promenade. De plusieurs points du parc, nous avons vu l'arc de triomphe de l'Étoile et les coupoles dorées de l'église russe. Ces dernières brillaient au soleil couchant dans un ciel bleu et clair.

Mlle Dupré nous a dit : « Si vous voulez, nous prolongerons notre promenade jusqu'aux Champs-Élysées? » Nous ne demandions pas mieux. Nous avons longé une rue assez étroite, appelée rue Miromesnil, qui nous a d'abord conduites devant le palais de l'Élysée.

Mlle Dupré nous a fait l'historique de ce palais depuis son origine jusqu'à nos jours.

C'est l'une des plus charmantes résidences modernes. Il fut construit, en 1718, pour le comte d'Évreux. Il a été habité par Mme de Pompadour, puis par son frère le marquis de Marigny. Louis XV l'acheta pour y loger les ambassadeurs étrangers. Le riche banquier Beaujon l'acheta en 1773 et le céda à Louis XVI en 1776. La duchesse de Bourbon-Condé vint habiter ce palais et on l'appela l'Élysée-Bourbon. Sous le Directoire, il fut loué pour des bals et des jeux publics. Murat l'acheta et y demeura jusqu'à son départ pour Naples (1808).

Napoléon s'y retira après la défaite de Waterloo et y signa son abdication. Le duc de Wellington, le roi Louis de Hollande et la reine Hortense l'ont habité. Sous la Restauration, il passa au duc de Berry et, plus tard, le duc de Bordeaux y résida quelque temps.

Le prince Louis-Napoléon s'y installa le 20 décembre 1849 comme président de la République, et c'est là que ce prince prépara, avec quelques confidents, le coup d'État qui le fit empereur de notre France. Ce palais était trop petit pour ce titre, et ce prince le quitta pour aller habiter le vieux palais des Tuileries.

L'impératrice Eugénie a aussi habité l'Élysée avant son mariage avec l'empereur.

Le sultan et le czar y ont séjourné pendant l'Exposition de 1867.

M. Thiers, le maréchal de Mac-Mahon l'ont habité et aujourd'hui c'est M. Grévy.

Ce palais n'est pas ouvert au public. Nous avons vu les jardins qui se prolongent jusqu'aux Champs-Élysées ; ils sont plantés d'arbres magnifiques.

Le croiras-tu, nous étions tristes en pensant à toutes les personnes qui se sont succédé dans cette demeure princière. Elles ont toutes disparu et le plus grand nombre a subi la loi commune aux humains. Le palais ne sait pas mieux fermer sa porte au malheur et à la mort que la chaumière, et l'on peut dire avec le poëte :

> Le pauvre en sa cabane où le chaume le couvre
> Est soumis à ses lois,
> Et la garde qui veille aux barrières du Louvre
> N'en défend point nos rois!

Nous sommes arrivées aux Champs-Élysées. Figure-toi un grand parc avec de magnifiques massifs d'arbustes et de beaux arbres. Il s'étend de la belle place de la Concorde au rond-point des Champs-Élysées, qui est une place ornée de belles corbeilles de fleurs et de jets d'eau.

En face des jardins de l'Élysée, on voit le grand Palais des Beaux-Arts, appelé aussi Palais de l'Industrie. On y fait des expositions diverses, et tous les ans, du 1er mai au 20 juin, il y a l'exposition de peinture, appelée le Salon. Les artistes de talent s'y font une réputation. J'espère y aller cette année. Cécile m'a dit qu'elle y allait fréquemment. Il y a aussi le concours hippique, qui précède l'exposition du Salon, et qui est, paraît-il, fort intéressant, surtout le jour de la distribution des prix. Je ne doute pas que les Deratier, grands amateurs de chevaux, ne m'invitent à assister à cette fête.

Marie de Médicis a été la première à faire planter plusieurs allées d'arbres dans les Champs-Élysées, qui étaient alors interdits au public. On appela cet endroit Cours-la-Reine ; puis, plus tard, le Grand-Cours, et à présent Champs-Élysées.

On voit, à l'entrée, deux groupes de marbre ; ce sont des chevaux. On les appelle : les Chevaux de Marly.

Nous avons vu de beaux équipages et des cavaliers qui allaient au bois de Boulogne, et d'autres qui en revenaient. Nous étions dans la contre-allée avec une foule de promeneurs et de curieux. Nous nous sommes amusées à regarder les petits théâtres Guignol tout comme les enfants auxquels ils sont destinés, et à écouter des petits Italiens qui pincent de la harpe et raclent du violon, et la voix rauque d'un homme qu'on ne voit pas. C'est celui qui parle pour les marionnettes, en même temps qu'il les fait mouvoir d'une façon très adroite et on ne peut plus comique. Les sujets des pièces qu'on donne sont grotesques. C'est toujours Polichinelle qui joue quelque mauvais tour au commissaire et le bat à coups de bâton, à la grande joie des enfants.

D'un autre côté, des petites voitures traînées par des chèvres promènent des bébés. Ils s'installent là dedans, comme des petits pachas, pour le prix modeste de 10 ou 20 centimes le tour.

Nous avons admiré la place de la Concorde, la plus belle du monde, grâce à son entourage. D'abord formé par la Seine, le Palais législatif, la Madeleine, le jardin des Tuileries, la belle avenue des Champs-Élysées, et, au loin, l'arc de triomphe de l'Étoile.

Cette place est aussi embellie par des fontaines jaillissantes, de beaux candélabres, des statues qui représentent plusieurs villes de France. Parmi ces statues, il y a celle de la ville de Strasbourg, toujours couverte de pieux emblèmes de regret et d'espoir!

C'est aussi sur cette place, appelée place de la Révolution, qu'on établit l'échafaud, triste apanage de la Terreur. Louis XVI et Philippe-Égalité y périrent à l'endroit où s'élève l'obélisque de Louqsor, c'est-à-dire au centre. Ce monolithe est en marbre rose; il a été donné à la France par Méhémet-Ali et provient des ruines de Thèbes. Il a trente siècles d'existence.

C'est en présence du roi Louis-Philippe et de la famille royale qu'il fut dressé sur la place de la Concorde.

J'ai tant de plaisir à apprendre tous ces détails sur les belles choses que je vois, qu'il me semble que, pour toi aussi, ils doivent augmenter l'intérêt de mes descriptions. Je regrette seulement de n'avoir pas à ton service la façon charmante avec laquelle Mlle Dupré sait nous les donner, sous forme de causerie, si captivante parfois, qu'elle nous fait oublier la fatigue de ces longues promenades par lesquelles on veut, tout en mettant à profit mon séjour ici, au point de vue de mon éducation, corriger les inconvénients d'un brusque changement de climat et d'habitudes.

D'ailleurs, c'est la mode à présent, à Paris, que les jeunes filles se promènent régulièrement plusieurs heures par jour, et souvent, dans nos courses, nous nous rencontrons ; car plusieurs de ces demoiselles sortent avec des dames, des institutrices allemandes ou anglaises qu'elles appellent leurs promeneuses, terme peu respectueux pour des dames qui ne doivent avoir pour elles que dévouement et affection.

Nous étions bien fatiguées en rentrant à la maison.

Mme Deratier veut toujours nous entendre jouer à quatre mains, Cécile et moi. Je fais mon possible pour lui être agréable ; mais, hélas ! Cécile est bien plus forte que moi, et je me sens bien incapable près d'elle.

Écris-moi bientôt, et aime toujours ta cousine, qui t'embrasse bien tendrement.

ROSE.

IX

CHÈRE MARTHE,

La Noël et le nouvel an approchent. La dernière
fête de l'année qui finit et la première de l'année qui
commence. Je ne serai pas avec vous cette fois.
Tout ce que j'ai de bon dans mon cœur, le papier
vous le redira; mais votre absence me fait double-
ment sentir combien je vous aime.

Tu recevras à ton adresse particulière, et par le
train du matin, un paquet dont le contenu doit être
distribué à diverses personnes. Tu remettras chaque
objet au destinataire. C'est en commun avec Paul
que nous envoyons ces bagatelles, avec le désir
qu'elles plaisent à chacun; tu verras que Paul a
été généreux pour nos pauvres, ce qui m'a fait
plaisir.

Cette année est extraordinaire comme température.
J'ai vu la neige à Paris. Nous sommes allées en traîneau au bois de Boulogne. Il faisait cinq degrés de
froid; bien assez pour une méridionale; aussi nous
étions emmitouflées dans des pelisses, comme si nous
allions en expédition au pôle Nord ! Cécile m'a invitée.
Notre attelage était superbe. Le traîneau n'a pas de
roues : il représente une chimère; il glissait sur la
neige grésillante, tiré par trois magnifiques chevaux.
Ces admirables bêtes obéissent avec docilité à la voix
de leur conducteur, qui ne se sert jamais du fouet,
mais seulement de la parole.

Nous n'entendions que les grelots et les pas des chevaux; tout était gelé et blanc. Nous avons fait le tour du lac, et nous avons rencontré plusieurs amies et connaissances de Cécile qui faisaient comme nous. Je pensais combien une ville du Nord doit être belle quand la neige est glacée sur la terre et que le soleil brille dans un beau ciel bleu! C'est ainsi en Suède et en Russie; mes compagnes, qui sont avec moi à la pension, me l'ont dit, et ce qu'elles regrettent surtout, c'est d'être privées de patiner. Dans leurs pays, on organise des fêtes superbes sur la glace, qui a plusieurs mètres d'épaisseur.

Notre promenade était très pittoresque, surtout à Paris, où la neige tombe rarement en si grande abondance. Maintenant tout cela est passé.

A l'occasion des fêtes, on permet aux petits marchands d'élever des boutiques en bois sur les boulevards et sur les voies principales, où ils peuvent faire leur commerce. Le soir, on éclaire ces petites boutiques ambulantes. Elles sont rangées sur le trottoir, de chaque côté des boulevards. Il faut donc aller à pied pour voir tous ces étalages; autrement on ne verrait que le derrière des baraques.

Après le dîner, nous avons pris l'omnibus des Ternes qui passe devant notre porte, et nous l'avons quitté à la Madeleine. C'est là que commencent les étalages de toutes sortes de marchandises. Nous avons préféré y aller le soir, parce que c'est plus joli. Les institutrices étaient avec nous; nous étions divisées en trois groupes.

On peut parcourir tous les grands boulevards jusqu'à la place de la Bastille, et revenir à la Madeleine par les rues Saint-Antoine et de Rivoli; mais c'était trop pour nous. Nous sommes allées seulement jusqu'au boulevard Montmartre.

Le lendemain, dans l'après-midi, Cécile et Mlle Dupré sont venues me prendre, et comme le temps était assez doux, elles avaient une voiture ouverte très confortable. Nous sommes allées voir la physionomie que Paris prend toujours à l'occasion de Noël et du nouvel an.

Nous avons d'abord longé le boulevard Malesherbes jusqu'à la Madeleine. Cette église est faite sur le modèle d'un temple grec. C'est un vaste parallélogramme avec une magnifique ceinture de statues et de colonnes, deux porches et deux frontons, tout un ensemble de froide et harmonieuse régularité qui charme, mais qui n'est pas comme une église. C'est un temple de Minerve ou de Neptune et Napoléon Ier l'avait dédié à la gloire des soldats de la grande armée. Le décret porte la date de Posen (2 décembre 1806). Les statues, les bas-reliefs, les peintures ont été semés à profusion à la Madeleine. J'ai surtout remarqué le *Ravissement de Madeleine,* par Marochetti, puis la grande épopée du christianisme, peinte par Ziegler. Rien n'est plus imposant comme ce monument d'architecture posé sur son perron de onze marches.

Tout près de la Madeleine, se trouve la Chapelle expiatoire, où furent jetés les restes mutilés de Louis XVI et de Marie-Antoinette.

En face de la Madeleine, au delà de la rue Royale, de la place de la Concorde et de la Seine, se trouve le Palais législatif ou Chambre des députés qui est, dans sa façade seulement, du même style que la Madeleine. Le dôme des Invalides, avec sa coupole dorée, domine tout ce superbe paysage.

Nous avons longé les grands boulevards jusqu'à la Bastille. Nous avons vu les beaux magasins. Que de richesse et quel goût exquis! J'étais émerveillée. Le Grand-Opéra est très beau; il a coûté quarante-cinq millions de francs. A droite, dans la rue de la Paix, sur la place Vendôme se trouve la colonne Vendôme sur laquelle Napoléon est représenté en César romain. Le soir, ce quartier est inondé de lumières. On voit le Louvre, le jardin des Tuileries, l'avenue de l'Opéra, etc. C'est la lumière électrique qui lui donne un aspect féerique.

En parcourant les boulevards, nous avons vu plusieurs théâtres et les portes Saint-Denis et Saint-Martin. La première est un arc de triomphe qui rappelle les rapides conquêtes de Louis XIV en Allemagne. Un bas-relief représente le passage du Rhin, puis ces mots : LUDOVICO MAGNO, que le Parisien traduit librement par porte Saint-Denis. L'arc de triomphe de la porte Saint-Martin est plus simple : les bas-reliefs représentent, l'un, la Prise de Besançon et la Triple Alliance; les deux autres, la Prise de Limbourg et la Défaite des Allemands. Plus loin, nous avons vu une grande place sur laquelle est placée une statue colossale de la République. Plusieurs boulevards aboutissent à cette place.

Nous avons continué par le boulevard Beaumarchais et nous sommes enfin arrivées sur la place de la Bastille. On y chercherait vainement les traces de la terrible forteresse dont elle porte le nom. Il n'en reste plus une pierre. Aujourd'hui, sur l'emplacement de la Bastille s'étend une vaste place au milieu de laquelle s'élève la colonne de Juillet, qui rappelle les combats de juillet 1830 et de février 1848.

J'ai vu une peinture de cette Bastille qui fut construite par Charles V. C'était un monument remarquable composé de huit grosses tours rondes, qui,
se reliant entre elles par de hautes courtines, for-
maient une cour assez vaste où le soleil pénétrait
rarement. De hautes murailles flanquées de fossés
profonds entouraient dans leur enceinte un vaste
jardin, dépendance des appartements du gouverneur.

Sur les tours, étaient des plates-formes d'où les
prisonniers les plus favorisés pouvaient jouir de la
vue de Paris et quelquefois être aperçus des passants.

Quand le duc de Richelieu fut mis à la Bastille, la
rue Saint-Antoine devint la promenade favorite des
dames de la cour. Elles passaient devant la prison
pour saluer le prisonnier.

Les princes, les ducs, les maréchaux qu'on enfer-
mait là, y avaient leurs secrétaires et leurs officiers.
Le gouverneur ne leur parlait que debout et chapeau
bas. Il ne manquait à ces favoris que leur famille et
leur liberté.

A côté d'eux, les prisonniers obscurs ou célèbres
étaient condamnés à une vie de souffrances et de
privations dans des cachots malsains, sans air et une
nourriture insuffisante.

Tu sais aussi bien que moi, chère Marthe, que la
Bastille a eu un grand nombre de victimes et que
ses vieilles et sinistres murailles furent renversées le
14 juillet 1789. Bientôt il y aura cent ans. On a fait
de cet anniversaire la Fête nationale. En quittant la
place de la Bastille, nous sommes allées voir la place
Royale ou place des Vosges. Là il n'y a pas de bruit
de voitures ; il n'y a que des promeneurs. On se

croirait dans la cour d'un cloître, et des galeries cou-
vertes, qui courent tout autour de cette place, ajoutent
à l'illusion. Il y a des allées de marronniers, des pla-
tanes, des tilleuls et quatre petites fontaines jaillissantes au milieu desquelles s'élève la statue équestre
de Louis XIII.

L'aspect de cette place n'a pas changé depuis
Henri IV; aussi, elle inspire la mélancolie.

C'est pourtant là que le beau monde affluait du
temps de Louis XIII. Il y avait le palais des
Tournelles, cette célèbre résidence royale. C'est
dans la cour de ce palais qu'eut lieu le tournoi dans
lequel Henri II fut blessé mortellement par le comte
de Montgommery. Richelieu a demeuré dans la
maison qui porte le n° 21. Celle du n° 6 était habitée
par Marion Delorme, cette femme célèbre par sa
beauté ; tu sais qu'elle vivait du temps de Richelieu.

Victor Hugo a habité cette dernière maison, et la
grande tragédienne Rachel, celle du n° 9.

Nous sommes revenues par la rue de Rivoli, qui
s'étend en ligne droite de la rue Sévigné à la place
de la Concorde. Elle a plus de trois kilomètres de
longueur. Sur le parcours, nous avons vu, à gauche,
le magnifique Hôtel de Ville dont la reconstruction
vient d'être terminée, la basilique de Notre-Dame ;
la belle tour gothique Saint-Jacques ; l'antique église
de Saint-Germain-l'Auxerrois en face de la colonnade
du Louvre.

Je te parlerai du Louvre en détail. Le jardin et le
parc des Tuileries. Au loin, nous avons encore vu la
coupole du dôme des Invalides et les deux tours du
palais du Trocadéro. C'était vraiment splendide.

Il y a de grandes allées de marronniers dans le

parc des Tuileries, et un de ces arbres donne ordinairement ses premières feuilles le 20 mars. C'est le premier signe printanier. Deux immenses bassins avec des jets d'eau et des cygnes qui s'y promènent majestueusement. Nous sommes revenues à la maison par la rue Royale, le boulevard Haussmann, l'avenue de Messine et le parc Monceau.

Cette promenade a été très intéressante pour moi. Ici, chaque rue et je pourrais presque dire chaque maison a son histoire.

Nous avons vu beaucoup d'équipages très élégants et des encombrements de voitures! Quelle vie! Quelle animation dans Paris! Les sergents de ville ont assez à faire pour maintenir l'ordre et aider aux piétons à se garer des voitures.

Après cette promenade, j'ai dîné chez les Deratier et à neuf heures on m'a accompagnée à la pension.

Notre quartier est bien beau et bien plus tranquille que l'intérieur de Paris.

Une institutrice doit nous conduire au musée du Louvre. Je t'en parlerai dans ma prochaine lettre. Je me réjouis d'avance de cette promenade qui certainement sera d'un grand intérêt.

Adieu, chère Marthe, aime toujours ta cousine qui t'embrasse tendrement.

ROSE.

X

CHÈRE MARTHE,

Le nouvel an t'a-t-il apporté de jolies étrennes ?
Es-tu contente de toutes les surprises que l'on t'a
faites ? Tu es si modeste qu'il n'est pas difficile de
te voir heureuse !

Voilà la nouvelle année commencée et le rideau
levé sur le drame ou la comédie de l'avenir dont personne ne peut encore dire les péripéties et le dénouement. Laissons au temps ses secrets et jouissons du
bonheur de notre affection réciproque, le seul réel à
mon avis !

J'ai passé quelques jours chez Cécile ; elle a été
comblée de cadeaux superbes. Samedi elle a donné
une petite sauterie à ses amies. Son cousin, Marcel
de Bonfils, est en visite chez nos amis. Il est de l'âge
de Paul ; ils se sont connus au quartier latin. M. de
Bonfils a terminé ses études ; il vit auprès de sa
mère qui est veuve et dont il est le fils unique. Il est
propriétaire et administre lui-même ses biens. Je me
souviens d'avoir vu sa mère chez maman. C'est la
dame que nous appelions la dame au voile noir ! T'en
souviens-tu ?

M. de Bonfils nous a accompagnées à notre leçon
d'équitation, et que diras-tu ? Il m'a fait des compliments sur ma manière de me tenir à cheval ! —
Comme je te l'ai déjà dit, nous allons deux fois par
semaine au manège, de trois à quatre heures, avec

Mlles Laure et Julie Pélissier et Mlle Dulac. Nous sommes presque voisines avec ces demoiselles. On a parlé d'une promenade à cheval au bois de Boulogne et notre maître a fixé l'époque aux vacances de Pâques. M. de Bonfils a dit qu'il reviendrait à Paris exprès pour nous accompagner. A ce qu'il paraît, il est très bon cavalier. Paul sera aussi de la partie, ce sera très amusant, n'est-ce pas ? — Je parle de cela à maman dans ma lettre de ce jour ; dis-moi ce qu'elle pensera de ce projet et dis-moi aussi si la dame au voile noir vient souvent chez nous. Cela m'intéresse !

J'ai été invitée à une matinée musicale chez Mlle Dulac. On a tiré une tombola dont le produit était destiné à une œuvre de bienfaisance et je crois que la recette a été très bonne.

On a dansé jeudi dernier chez les demoiselles Pélissier ; leur frère, jeune saint-cyrien, nous a dit des monologues très amusants. Je te les envoie. Tu les liras à mon père. L'un, *Elle aimait trop l'arithmétique*, et l'autre, *le Sous-préfet aux champs*. Ce dernier est d'Alphonse Daudet.

Les Deratier m'ont invitée vendredi dernier à aller au théâtre. Ils ont une loge aux Français.

On jouait *les Rantzeau ;* tu connais cette pièce ; mais si tu voyais comme Coquelin aîné joue bien ! Il a le rôle de Florence, le maître d'école ; son jeu est tellement parfait qu'on se demande si ce que l'on voit est fictif ou réel. Cette pièce est très émouvante et parfaitement bien interprétée. Du reste, le Théâtre-Français a les premiers comédiens amateurs du monde.

Hier, nous sommes allées, avec une institutrice,.

voir le Palais-Royal et le palais du Louvre. Le premier a sa bonne part dans l'histoire de Paris. Il est construit sur l'emplacement où s'élevaient jadis les hôtels de Mercœur et de Rambouillet. Le dernier est resté célèbre dans les annales littéraires du xviie siècle.

Tu sais que Mme de Rambouillet et sa fille, Julie d'Angennes, étaient les célèbres muses de ce temps-là. Elles réunissaient, dans leur hôtel, une société de personnes spirituelles qui exercèrent une heureuse influence sur les progrès de la littérature.

Le cardinal de Richelieu acheta ces deux hôtels et fit construire une maison qui porta le nom d'hôtel Richelieu. Bientôt après, il la fit remplacer par un palais. Ce nouveau palais fut longtemps la merveille de Paris.

Tout le vieux Paris de Charles V fut démoli. On fit, au Palais-Royal, un grand théâtre qui pouvait contenir trois mille personnes.

Richelieu mourut dans ce palais, qu'il faisait appeler Palais-Cardinal; il le légua au roi; mais, bientôt après la mort de son époux, Anne d'Autriche vint en prendre possession avec ses deux enfants, Louis XIV et Philippe d'Orléans, et le palais reprit le nom de Palais-Royal.

Après le frère de Louis XIV, le Palais-Royal eut pour maître le régent; après le régent, son fils Louis, qui vécut obscurément.

Enfin, il vint à Philippe-Égalité, qui en changea la physionomie. Pour subvenir aux frais de la cour brillante qu'il entretenait, il construisit, tout autour du jardin, d'immenses bâtiments destinés à être loués et les livra à l'industrie. Ce palais devint le plus

splendide bazar du monde. Il fut la propriété de la
famille d'Orléans, et ce fut au Palais-Royal que le
général Lafayette vint offrir la couronne de France à
Louis-Philippe, qui continua à l'habiter jusqu'en 1832.

Plus tard, le prince Jérôme y vécut et y mourut,
et son fils, le prince Jérôme-Napoléon, y séjourna
jusqu'au 4 septembre 1870, jour où la République
actuelle a été proclamée.

Dans les galeries du Palais-Royal, il y a les plus
beaux bijoux de l'univers. Je ne puis assez approcher
de la réalité pour te dépeindre la richesse de ces
magasins. Il y a des chefs-d'œuvre, et, le soir, à la
lumière, c'est éblouissant.

Nous sommes aussi allées voir le vieux Louvre.
L'origine de ce palais remonte aux premiers temps
de la monarchie; son nom lui vient d'un rendez vous
de chasse dans un bois appelé Louverie. C'est en
1204 que le nom de cette demeure royale paraît
pour la première fois dans l'histoire, par conséquent
sous Philippe-Auguste. C'était alors une forteresse
redoutable, qui fut transformée plus tard par Charles V.

François 1er commença à construire le palais actuel.
Il confia les travaux à Pierre Lescot, le plus grand
architecte de la Renaissance française. On continua
ces travaux pendant les douze années du règne de
Henri II. Après la mort de ce roi, sa veuve, Catherine
de Médicis, habita le Louvre avec ses enfants. Elle
campa deux ans dans cette étrange habitation sans y
rien changer. Puis elle voulut étendre le palais du
côté de la Seine et elle fit construire le bâtiment qui
s'avance sur le quai. C'est là que se trouve la fameuse
fenêtre mentionnée par l'orateur Mirabeau, qui dit
que Charles IX a tiré de là sur le peuple avec une

carabine; mais il paraît que, sur ce point, l'opinion des érudits est partagée.

En même temps qu'elle faisait travailler au Louvre, Catherine de Médicis commençait le palais des Tuileries.

C'est au Louvre qu'eut lieu le mariage de Marguerite de Valois avec le roi de Navarre, Henri IV, et, cinq jours plus tard, la Saint-Barthélemy.

Il ne m'est pas possible de te dire tous les changements qui se sont faits au Louvre; qu'il te suffise de savoir que, depuis Philippe-Auguste (1204) jusqu'à Napoléon III, on n'a cessé de démolir et de construire.

Le Louvre est un palais immense, et c'est le palais le plus splendide de Paris et du monde. Tu connais tous les faits historiques dont il a été le théâtre. On s'en souvient quand on parcourt ses belles et somptueuses salles. Je pensais à Catherine de Médicis, haineuse, superstitieuse et méchante, qui fit mettre à mort le brave amiral de Coligny et tous les seigneurs huguenots; à Henri IV, assassiné par Ravaillac et apporté au Louvre, où on le laissa quelque temps exposé; à Louis XIII, qui passa au Louvre tout le temps qu'il n'habita pas Saint-Germain; à Anne d'Autriche, qui y mourut; enfin, à Louis XIV, qui avait déjà quitté Paris pour Fontainebleau, Saint-Germain et Versailles, et ne revint plus au Louvre, si bien que, après cet abandon, il fallut même des ordres formels du roi pour purger le Louvre de toutes les mauvaises gens qui s'y réfugiaient.

En 1793, la Convention nationale convertit le Louvre en musée, et tel il existe aujourd'hui. Oh! si tu pouvais voir quelle réunion de chefs-d'œuvre

admirables de peinture et de sculpture ! Dans ma
prochaine lettre, je te parlerai de tout cela en détail;
aujourd'hui, je m'arrête; mais tu ne perdras rien
pour attendre.

Je vais réfléchir et tout classer dans ma tête, si
bien que ce sera comme si je t'y conduisais par la
main; c'est si beau et si intéressant !

On sonne pour le dîner et le jour baisse. Je te
quitte en t'embrassant bien tendrement.

Ta cousine,

ROSE.

XI

CHÈRE MARTHE,

Il fait de nouveau bien froid, depuis quelques jours, à Paris. Le temps est très variable. Je ne le comprends pas encore. Je suis enrhumée ; je garde la chambre. Je ne puis mieux employer mes loisirs qu'en causant avec toi ; aussi, je viens te consacrer toute cette après-midi.

Ainsi que je te l'ai promis, je vais te conduire au Louvre.

C'est au XVIᵉ siècle que remonte l'histoire des collections de ces divers musées réunis, c'est-à-dire à cette époque de retour vers les arts qu'on a appelée la Renaissance.

Il faut placer François Iᵉʳ à la tête des amateurs et collectionneurs. Il appela à sa cour des artistes italiens tels que Léonard de Vinci, André del Sarto, Benvenuto Cellini, le Rosso, le Primatice, et il demanda lui-même à Michel-Ange de travailler pour lui.

On appela le groupe d'artistes occupés par François Iᵉʳ et Henri II l'école de Fontainebleau ; elle n'eut pas d'influence durable sur l'art français.

Les plus beaux jours du Louvre datent de la Révolution, qui y réunit les œuvres d'art encore dispersées dans les châteaux royaux. Lorsque les armées françaises eurent apporté d'Italie, des Pays-Bas et d'Allemagne un énorme butin artistique, les collections du Louvre purent être regardées comme les premières du genre, et ce palais fut, en quelque sorte, le musée de l'Europe, et il passe encore, de nos jours, comme le premier de notre ancien monde. Le nombre des salles est si grand qu'il est difficile de s'y retrouver.

D'abord, le rez-de-chaussée renferme les sculptures et les gravures.

Le premier étage, les peintures, les antiquités de petites dimensions, le musée de la Renaissance et les dessins.

Au second étage, le musée de marine, le musée chinois, le musée ethnographique, de la peinture et des dessins.

Voyons d'abord le musée égyptien.

Ce musée est la collection d'antiquités égyptiennes la plus remarquable de l'Europe. En le visitant, on a une idée sur la religion, les mœurs et les arts chez les plus anciens peuples civilisés. Là, on voit des sphinx à corps de lion et tête d'homme, symbole de la force unie à l'intelligence. On les plaçait deux à deux aux portes des temples. Puis, des monuments commémoratifs avec des inscriptions, des divinités, des statues, des bas-reliefs et des sarcophages.

Ce qui attire le plus l'attention, c'est le grand sphinx en granit rose.

Dans la salle à côté, appelée salle d'Apis, consacrée à la divinité suprême des Égyptiens, on voit plusieurs momies et des bandes de papyrus qui contiennent des fragments du Rituel ou guide qui donne une série de prières et d'instructions sur la manière dont l'âme doit se conduire dans l'autre monde ; ce qui prouve que, chez les Égyptiens, la croyance à l'immortalité était un dogme fondamental de la religion.

On y voit aussi des statuettes qui expliquent la mythologie égyptienne.

Le musée assyrien est au rez-de-chaussée. Il est composé d'une partie des fouilles faites sur l'emplacement des villes d'Assur et de Ninive.

Les fouilles ont fait retrouver les ruines de vastes palais, dont les salles étaient toutes garnies de bas-reliefs, sur lesquels la vie des souverains est racontée comme sur les monuments d'Égypte, mais d'une façon plus expressive.

On y distingue des chasses, des batailles, qui alternent avec des scènes paisibles. La plupart des sculptures de cette salle proviennent du palais de Nemrod et de celui de Sardanapale, à Ninive. On y voit aussi des bas-reliefs qui représentent des cortèges royaux.

Nous sommes allées de salle en salle, admirant tout ce que nous voyions. Tout un passé se déroulait devant nos yeux ; mais la salle à laquelle j'avais hâte d'arriver est celle où se trouve la belle Vénus de Milo. Oh ! comme elle est ravissante !

Écoute ce que Théophile Gautier a dit sur cette statue :

« Comme elle est grande et belle, et noble, cette Vénus, animée d'une vie supérieure et d'une plénitude d'immortalité ! Quel vague et divin sourire sur les lèvres à demi entr'ouvertes, quel regard surhumain dans cet œil sans prunelles !... Les bras sont absents ; mais il semble que, si on les retrouvait, ils gêneraient le plaisir de l'œil en empêchant de voir cette superbe poitrine et ce sein admirable.

« Et c'était dans le temple d'une petite île que rayonnait ce chef-d'œuvre d'un statuaire inconnu, digne de la plus belle époque de l'art hellénique. »

Cette statue est vraiment admirable. On ne voudrait jamais s'en éloigner. Tu recevras la photographie.

Elle a été découverte en 1820 par un paysan, dans un souterrain de l'île de Milo. Il la vendit au gouverneur français pour 6,000 francs. Elle est l'œuvre d'une école qui tient le milieu entre Phidias et Praxitèle.

Chaque salle a un nom particulier. Il me serait impossible d'énumérer tout cela.

J'ai vu aussi le musée de sculptures du Moyen-Age et de la Renaissance. Les salles portent les noms des sculpteurs les plus célèbres de cette époque; puis le musée des sculptures modernes, où l'on voit des bustes d'hommes et de femmes célèbres. La dernière salle est la salle Rude, qui renferme les œuvres les moins anciennes que possède le Louvre.

Le musée de peinture renferme plus de deux mille tableaux de choix.

Presque toutes les écoles y sont représentées par des chefs-d'œuvre. C'est même le seul musée où l'on puisse étudier l'œuvre de certains peintres.

Plusieurs artistes français et étrangers vont au Louvre copier les tableaux des maîtres. Il y a des dames et des messieurs; ils sont nommés pensionnaires du Louvre. J'ai vu un livre fait à leur intention : les critiques sont spirituelles et d'un humour fort amusant, mais pas délicates, surtout pour la classe des dames.

Les peintres italiens sont ceux qui intéressent le plus.

Parmi les anciens maîtres, les plus remarquables sont ceux de l'école de Florence : Angelico, Benozzo

Gozzoli, Filippo Lippi, le Pérugin, etc. Les tableaux des grands maîtres italiens, c'est-à-dire ceux de Léonard de Vinci, de Raphael et du Titien, méritent une étude attentive. Aucune galerie de l'Europe n'est aussi riche en œuvres de Raphael que le Louvre.

Le Corrège n'a que deux tableaux au Louvre. Le Titien en a un grand nombre.

La vieille école allemande y est représentée par Sebald Beham et par Holbein le jeune.

Parmi les tableaux de la vieille école flamande, le plus remarquable, c'est *la Vierge au donateur*, de Jean van Eyck.

Les tableaux de Rubens, le plus brillant des peintres de la seconde école flamande, sont très nombreux.

Les Hollandais du xviiᵉ siècle ne peuvent bien s'apprécier que dans leur pays. Il me faut te citer Rembrandt, Ravestein, Van der Helst, Terburg, Gérard Dow, Metzu, Jean Stein, Van Ostade, etc.

La célébrité des tableaux espagnols, au Louvre, date un peu du temps où l'on voyageait en Espagne et où l'on ne connaissait guère les chefs-d'œuvre des deux plus grands peintres de ce pays : Velazquez et Murillo, qui se trouvent à Madrid et à Séville.

L'école française est incomplètement représentée au Louvre. Le Luxembourg et Versailles ont une grande partie des œuvres.

Les peintres français qui méritent d'être nommés sont Cousin et son *Jugement dernier*, Clouet et ses portraits de cour, Lesueur et sa saisissante épopée de saint Bruno, Champaigne et ses beaux paysages, Poussin et son *Déluge;* Lorrain, Vernet, David, Gros, Jouvenet, Mignard, Le Brun, Rigaud, Girodet, Géricault, Watteau, Boucher, Fragonard, Chardin, Greuze,

Ingres, Eugène Delacroix, Paul Delaroche, Ary Scheffer, ce dernier est d'origine hollandaise, et Hippolyte Flandrin.

Je ne puis, ma chérie, me faire le biographe de tous ces peintres, ni décrire leurs travaux. Il faut venir les admirer.

Chaque époque, chaque école est très bien représentée au Louvre, et tout ce que je t'en dis est bien imparfait.

Je ne te dis rien des peintres de notre époque, tu les connais aussi bien que moi, puisque, tous les ans, nous avons le compte rendu du Salon, qui nous parle des meilleurs artistes français et même des étrangers, qui briguent, avec nos compatriotes, l'appréciation de leur art, si bien compris à Paris. C'est pourquoi les artistes étrangers viennent en grand nombre dans notre belle et intelligente capitale.

Nous sommes sorties du Louvre parfaitement satisfaites. J'ai, pour ma part, beaucoup admiré ces chefs-d'œuvre; j'ai pris des notes pour te les communiquer.

Adieu, bonne Marthe, donne-moi bientôt de tes nouvelles. Soigne-toi bien et deviens plus forte.

Ta cousine affectionnée,

ROSE.

XII

Chère Marthe,

Ta lettre a été des plus intéressantes. Je t'en
remercie. Dis à Julie que je lui écrirai jeudi. Elle
est bien bonne de venir quelquefois te parler de moi.
Je lui en suis bien reconnaissante.

C'était jeudi dernier; j'étais au jardin, et deux
heures sonnaient, quand une voiture s'est arrêtée
devant notre porte. Cécile, en toilette de ville, s'est
avancée vers moi avec ces mots : « Chère Rose, vou-
lez-vous venir avec nous ? Le 15 de ce mois je vais
avec mes parents au bal du ministère et nous allons
chez Jobin commander une robe. C'est la première
fois que je vais chez ce grand couturier; j'ai pensé
que vous étiez aussi curieuse que moi et je viens
vous prendre. Ma mère est dans la voiture; ne la
faisons pas trop attendre. »

J'étais en effet très curieuse et cette circonstance
venait bien à propos. Dans moins de dix minutes,
j'avais l'approbation de Mlle D..., et j'étais assise à
côté de Mme Deratier dans sa voiture, qui nous conduisit chez le grand couturier où tant de femmes
apportent des sommes extravagantes pour des chiffons qui occasionnent, souvent à quelques-unes, la
ruine de leurs maisons.

Les salons de M. Jobin, plus vastes et plus beaux
que les salons de la préfecture de P..., étaient remplis de clientes. Tu aurais dû voir avec quelle fièvre

et quelle excitation chacune cherchait à combiner l'effet de la toilette qu'elle voulait avoir. On aurait dit que leur bonheur dépendait du choix qu'elles feraient.

Cécile a commandé une robe en tulle fort simple et très chère; mais elle aura la satisfaction de lire la signature : « Jobin, couturier à Paris ». Cécile a assez d'argent pour se passer cette fantaisie. Pour ce qui me regarde, j'attendrai une grande circonstance.

Samedi, nous sommes allées d'abord au pont de l'Alma prendre le bateau qui devait nous conduire jusqu'au pont Saint-Michel.

Nous sommes allées visiter la Sainte-Chapelle, Notre-Dame, la vieille église métropole de Paris.

Les bords de la Seine offrent une des promenades les plus variées que l'on puisse souhaiter. Les quais sont, dans presque toute leur étendue, plantés d'arbres et munis de trottoirs qui courent le long des parapets. Il y a une quantité de ponts; tous ont quelque chose de remarquable. Chacun de ces ponts a son histoire particulière; mais le Pont-Neuf est certainement le plus renommé de tous. J'ai appris que le roi Henri III, accompagné de Catherine de Médicis, sa mère, de Louise de Vaudemont, sa femme, et des principaux magistrats, posa solennellement la première pierre du Pont-Neuf. Plus tard, Marie de Médicis fit ériger un cheval de bronze et la figure de Henri IV y fut placée. Elle y est encore aujourd'hui. Ce pont était le rendez-vous des filous et des gens de mauvaise vie; il est aussi célèbre à plus d'un titre et il n'a pas été étranger à la Révolution.

Nous avons quitté le bateau pour aller à la Sainte-Chapelle qui, à mon avis, est le bijou d'architecture de Paris. Elle est entièrement cachée derrière le Palais de Justice. Nous nous imaginions aller en prison, tellement l'entrée est laide et sombre.

C'est sous saint Louis que la Sainte-Chapelle a été construite; elle ne sert plus à rien de nos jours. Il y a deux chapelles superposées. La chapelle basse, dans laquelle on entre d'abord, est à trois nefs; elle servait aux domestiques de la cour. On monte par un petit escalier tournant à la chapelle haute, qui était réservée au roi et à la cour. Rien de plus élégant, de plus riche, de plus splendide que l'intérieur de cette chapelle haute. Les colonnettes, les sculptures y sont à profusion. Toutes les parties de l'édifice disparaissent sous les dorures et les enluminures; mais le principal ornement ce sont les vitraux. Chacune des fenêtres est un écrin éblouissant; elles sont si hautes et si rapprochées, qu'on croirait être sous une voûte de pierres précieuses. Le soleil donnait en plein sur cet édifice et en augmentait la beauté. La grande rose du portail, qui date de Charles VIII, se divise en soixante-dix-neuf panneaux dont les sujets sont pris de l'Apocalypse. A droite et à gauche de la nef se trouvent deux niches. C'étaient les places d'honneur réservées au roi, à la reine et aux autres membres de la famille royale.

Louis XI, ce roi sournois et méchant, suivait toutes les cérémonies par une grille qu'il s'était fait faire au mur extérieur.

De là, nous sommes allées à Notre-Dame. Cette église est très ancienne; elle a été bâtie sur l'emplacement d'une autre église qui datait des premiers temps de l'établissement du christianisme à Paris (365).

Il me faudrait plusieurs volumes si je te faisais une

description des beautés de cet immense édifice. C'est comme architecture un des plus beaux monuments de l'art ogival en France. On l'a souvent restaurée. La Révolution lui a fait jouer un rôle absurde. Elle l'avait transformée en temple de la Raison et la statue de la Vierge fut remplacée par celle de la Liberté; les chants religieux par des chants patriotiques. Plus tard, la Commune ne respecta pas la vieille église; le trésor fut pillé; le feu y fut mis, mais il ne causa pas de dommages. Il y a dans la tour du Sud le bourdon de Notre-Dame, une des plus grosses cloches qui existent. Son battant seul pèse 488 kilogrammes.

On a donné le nom de Emmanuelle-Louise-Thérèse à cette pesante cloche qui fut la filleule de Louis XIV.

Lorsque nous avons franchi le seuil de Notre-Dame, j'ai été pénétrée d'un sentiment d'immensité. L'immensité est partout, devant vous, au-dessus de vous; nulle part de ligne droite qui arrête la pensée et le regard. La vue et l'imagination se perdent dans une religieuse obscurité. On aperçoit de lointaines arcades et, au delà des arcades, des chapelles qui évoquent le mystérieux.

Comme il était encore de bonne heure, nous sommes allées au palais des Thermes.

Il ne reste plus grand'chose de ce palais, qui date de Constance-Chlore. L'empereur Julien l'habitait; il en avait fait le centre d'une petite cour, composée d'hommes distingués dans les nations gauloise et romaine. C'était un édifice important en 1180, et, au xve siècle, les abbés de Cluny firent construire l'hôtel de Cluny, un édifice des plus élégants.

Comme les abbés ne venaient que rarement à Paris, ils mirent leur hôtel à la disposition des rois de France. En 1515, la veuve de Louis XII, Marie d'Angleterre, s'y établit; sa chambre s'appelle encore la chambre de la reine Blanche, à cause des vêtements de deuil blancs que portaient les reines de France.

François Ier y célébra le mariage de sa fille Madeleine avec Jacques V d'Écosse. Le cardinal de Lorraine, le duc de Guise et le duc d'Aumale y séjournèrent en 1565. Une troupe d'acteurs s'y installa pendant quelque temps.

Plus tard, M. du Sommerard, conseiller à la cour des comptes, y installa de nombreux objets du Moyen-Age et de la Renaissance qu'il avait passé sa vie à rassembler. Homme de science et de goût, M. du Sommerard, dont les collections étaient depuis longtemps admirées du public, mourut en 1842.

Ce musée des Thermes est spécialement consacré aux antiquités gallo-romaines, dont il est lui-même le plus glorieux débris, et l'hôtel de Cluny, bâti sur ses décombres, se trouve non moins heureusement transformé en musée du moyen âge. Parmi les antiquités conservées aux Thermes, je me contenterai de te citer l'autel dédié à Jupiter, un petit nombre de bas-reliefs et de tombeaux. Le musée de Cluny renferme des sculptures en ivoire, en bois, en albâtre ; de riches vitraux, des émaux, des faïences, de l'orfèvrerie, des bijoux, des broderies, de la serrurerie, etc.

Nous avons vu le lit de François Ier, le cabinet de deuil de Catherine de Médicis et l'oratoire en ivoire sculpté de Philippe le Hardi, duc de Bourgogne; l'échiquier en cristal de roche donné à saint Louis par le Vieux de la Montagne. Tout cela est bien intéressant à voir.

Il me serait impossible de te dépeindre toutes les églises de Paris. Il y en plus de cent, et environ quarante méritent d'être étudiées ; mais je n'entreprendrai pas cette tâche. Je crois aussi que je n'aurais pas le talent de faire connaitre toutes les beautés de l'art. Tu te contenteras, bonne Marthe, de ce que je te dis sur quelques-unes des principales églises.

Nous avons vu la place de l'Hôtel-de-Ville, appelée autrefois la place de Grève. Elle évoque, sous ce dernier nom, une foule de souvenirs lugubres. Des bûchers y ont dévoré une quantité de victimes ; des flots de sang y ont coulé sur l'échafaud. Elle a servi aux projets meurtriers de la méchante Catherine de Médicis. La Révolution y a conduit ses victimes. Il y a eu aussi des exécutions de criminels trop fameux, tels que Ravaillac, la marquise de Brinvilliers et La Voisin, ces deux empoisonneuses célèbres, et l'illustre voleur Cartouche, etc.

Puisque nous sommes à causer, il me faut te rappeler un morceau de style sorti de la plume de la célèbre Mme de Sévigné. Elle a assisté à la mort de ces deux criminelles, et voici ce qu'elle dit : « Le 16 juillet 1676, la marquise de Brinvilliers subit le dernier supplice sous les yeux de ses anciennes amies, accourues pour voir brûler une marquise. Le 22 février 1680, c'est le tour de La Voisin. A cinq heures, on la lia, et, avec une torche à la main, elle parut dans le tombereau, habillée de blanc ; c'est une sorte d'habit pour être brûlée ; elle était fort rouge ; elle repoussait le confesseur et le crucifix avec violence. A Notre-Dame, elle ne voulut jamais prononcer l'amende honorable, et à la Grève elle ne voulait pas sortir du tombereau ; on l'en tira de force, et on la mit sur un

bûcher, assise et liée avec du fer; on la couvrit de
paille; elle jura beaucoup; elle repoussa la paille
cinq fois; mais le feu s'augmenta, on la perdit de
vue, et ses cendres sont en l'air maintenant. » Nous
savons quelle femme de génie était Mme de Sévigné;
mais il me semble que ce récit manque un peu de
cœur.

Nous sommes allées reprendre le bateau au Pont-
Neuf. Comme nous descendions la Seine, il n'a pas
fallu longtemps pour nous rendre à la station. J'étais
sur le pont du bateau; je ne me lassais pas d'admirer le beau panorama que j'avais sous les yeux, et la
plupart des édifices que je connaissais déjà et que je
revoyais en passant.

Je te répéterai que Paris est une ville merveilleuse
et superbe. C'est le cri bien sincère de mon cœur.

Comme nous sommes en carnaval, on va nous
donner une soirée à la pension, et Cécile m'a dit que
si sa mère continuait à mieux se porter, il y aurait
grande soirée chez eux, qu'elle comptait sur moi.

Paul est déjà averti. Nous avons tiré les rois dimanche dernier chez les Deratier. Paul a eu la fève.
Il a proclamé Cécile reine, et, le lendemain, il nous
a envoyé à chacune un simple mais superbe bracelet.
Nous les avons acceptés avec plaisir.

C'est à présent le moment des bals à Paris. Plusieurs pensionnaires reçoivent des invitations et se
préoccupent de leurs toilettes, comme de juste.

Adieu, Marthe chérie, écris-moi bientôt, et aime
toujours ta cousine.

ROSE.

XIII

CHÈRE MARTHE,

Février est bien le mois des violettes à Paris. Dans toutes les rues, on voit des femmes qui traînent des petites charrettes à bras remplies de violettes, et on les entend crier : « Elle embaume la violette ! Achetez donc des violettes ! » On achète des bouquets depuis 10 centimes jusqu'à 2 francs. Si tu voyais les magasins de fleurs sur les boulevards et dans les rues, c'est vraiment ravissant. On ne pense pas être en plein hiver. Comme ces fleurs sont belles et gracieusement arrangées ! Je resterais en contemplation devant ces belles devantures. Tu sais combien j'aime les fleurs !

On va jouer une comédie à la pension. Je me réjouis d'avance de voir cela. Les rôles sont distribués aux élèves les plus habiles et les plus anciennes. Chaque actrice d'occasion apprend son rôle avec zèle. Nous faisons quelques préparatifs de toilette ; cette réunion dépassera l'ordinaire ; mais je veux te parler de la soirée qui a eu lieu chez les Deratier. C'était jeudi dernier. Il y eut d'abord un grand dîner. Toute la maison était inondée de lumières. Les lustres ressemblaient à de petits soleils. Il y avait des plantes vertes et de superbes azaléas qui faisaient penser au printemps. Pour mes yeux de jeune provinciale, c'était merveilleux.

Après le dîner, on dressa un buffet bien approvi-

MARTHE ET LES FAVORIS

sionné dans la belle salle à manger, et, vers dix
heures, il arriva d'autres convives. On ne voyait que
des personnes élégantes.

Plusieurs jeunes filles sont venues avec leurs
parents; elles ont été charmantes à mon égard.
Elles pensent que Cécile et moi nous sommes parentes.

L'orchestre, très bien composé, occupait la place
d'une porte; on avait fait une tribune pour les musiciens. Dans ces grands hôtels de Paris, tout est prévu
d'avance quand il s'agit du confort.

Il serait trop long de t'énumérer les toilettes; représente-toi une quantité de belles étoffes de toutes
les couleurs, jusqu'à la plus simple robe blanche de
ta cousine, et puis une grande quantité de beaux
diamants qui resplendissaient à la lumière des lustres, et toutes ces belles choses portées par des dames
gracieuses et charmantes. Ces messieurs en habit;
quelques jeunes officiers et deux ou trois officiers
supérieurs en uniforme.

Vers onze heures, on a annoncé des artistes de la
Comédie-Française. Tout a été mis en ordre comme
par enchantement. A la place de l'orchestre, nous
avons eu une délicieuse scène, où les acteurs nous
ont donné une jolie comédie couverte de bravos et
d'applaudissements. Après cela, on a fait un accueil
très sympathique à chaque acteur. Tout le monde
s'est bien amusé. Il était trois heures du matin quand
nous nous sommes séparés. Je suis restée chez nos
amis. Paul avait une voiture qui l'a ramené chez lui;
mais le lendemain, il est venu dans l'après-midi
prendre de nos nouvelles. Je me disposais à rentrer
à la pension; il est venu m'y conduire.

J'ai déjà fait mes invitations pour notre soirée de pensionnaires ; on s'en réjouit d'avance.

Je n'avais pas vu Cécile depuis quelques jours et hier je suis allée chez elle. J'ai appris qu'elle avait été demandée en mariage par un comte de... bleu, vert ou rose.

J'ai oublié le nom. Ce que je sais, c'est que notre amie a bien vite refusé. Les parents n'ont pas insisté ; ils ne veulent pas la contrarier dans une question aussi personnelle et si importante. Elle est donc libre de choisir !

Je crois bien que Mlle Dupré a deviné les secrets de cœur de son élève ; elle me parle parfois par réticences et me demande mon opinion sur ceci ou sur cela et puis, sans trop se risquer, elle me laisse à mes doutes et à mes espérances.

Je crois, chère Marthe, que le grand secret sera mis à jour quand nous nous reverrons. Je suis parfois impatiente de devoir tout confier au papier ; j'aimerais mieux causer un petit instant avec toi.

On nous a conduites aux Gobelins et au Jardin des Plantes. La manufacture des Gobelins est très intéressante. Elle porte le nom de son fondateur, et date de très longtemps, puisque c'est en 1450 que Jean Gobelin fonda une teinturerie sur les bords d'un petit ruisseau, appelé la Bièvre, qui passe derrière le Jardin des Plantes.

Son successeur joignit une manufacture de tapis à cette teinturerie et ces tapis acquirent une telle réputation que Colbert, ministre de Louis XIV, acheta l'établissement en 1662 et en continua l'exploitation pour le compte du gouvernement. Cela ne porta pas beaucoup de profit à l'État ; mais on chercha à rehausser la valeur des tapisseries en ne les faisant point entrer dans le commerce. Elles furent employées à décorer les châteaux royaux et données comme cadeaux à des souverains étrangers et à de grands personnages. Il en est encore de même aujourd'hui.

C'est un travail bien minutieux; il faut plusieurs années pour faire un tapis d'une grandeur médiocre. Les sujets sont tirés de l'histoire sainte, de l'histoire de France, de la mythologie, et ils sont donnés par des artistes célèbres.

Les couleurs sont superbes; nous avons vu travailler les artistes. Cela m'a beaucoup intéressée.

La saison n'est pas encore très propice pour le Jardin des Plantes. J'aurais mieux aimé attendre et voir les feuilles aux arbres; mais nous y reviendrons.

Nous sommes arrivées à temps pour voir les animaux féroces. On leur a donné à manger; c'est effrayant de voir comme ils dévorent leur pâture. On y voit aussi des animaux paisibles tels que le hideux hippopotame, les éléphants avec leurs petits yeux gris et intelligents, les chameaux, les rhinocéros, les ours qui font leurs tours d'adresse pour avoir quelques gâteaux donnés par les visiteurs.

Puis, les oiseaux de proie dans leurs cages, la grande volière, la faisanderie, le pavillon des reptiles, les singes de toutes les familles. Nous n'avons pas pu voir les musées. Nous avons monté une petite colline qui est surmontée d'un pavillon en bronze d'où l'on jouit d'une vue très étendue.

Il y a des arbres que je reviendrai voir au printemps. J'ai vu le cèdre du Liban que Jussieu a, dit-on, porté dans son chapeau. Il serait bien difficile de l'y faire entrer à présent.

De très belles allées divisent le Jardin en parterres et la plupart des arbres de notre pays ont été introduits et naturalisés dans notre pays par le Jardin des Plantes. C'est le cas pour un plus grand nombre de plantes et de fleurs. Il y a une école botanique. On y voit aussi des plantes alimentaires, industrielles, médicinales, etc.

Ce Jardin date de 1635. Il fut formé par Guy Delabrosse; mais c'est surtout en 1732, lorsque Buffon en prit la direction, qu'il fut transformé et bien organisé.

Hier, on a célébré l'anniversaire de Victor Hugo avec beaucoup d'enthousiasme. Nous sommes allées jusqu'à l'hôtel du grand poète, qui demeure assez près de nous. Là, nous avons vu défiler plusieurs sociétés avec des bouquets et des couronnes superbes; entre autres celle des étudiants qui, bannière en tête, est venue s'arrêter sous les fenêtres et a reçu, ainsi que toutes les autres, les remerciements chaleureux de l'illustre vieillard. J'étais heureuse de contempler l'auteur de tant de belles poésies et de tant d'œuvres si remarquables à tous les points de vue.

Sa tête, toute blanche, lui donne l'air d'un patriarche vénérable ; ses yeux brillent d'un vif éclat et son sourire est si doux qu'on reconnaît de suite l'auteur de *l'Art d'être grand-père*. Ses petits-enfants étaient avec lui à la fenêtre et remerciaient la foule affectueuse.

La mi-carême a été très gaie. Nous avons vu des chars superbes et des cortèges qui reportaient au temps des Romains. Tu sais que ce jour-là ce sont les blanchisseuses de Paris et des environs qui se travestissent et je t'assure qu'elles ont bon goût. J'en ai vu de fort jolies.

Ici, on peut toujours s'attendre à quelque chose de nouveau. La vie parisienne ne manque pas de nouveautés.

Je te quitte pour aujourd'hui. Adieu, aime toujours ta cousine.

ROSE.

XIV

CHÈRE MARTHE,

La soirée, dans notre jolie petite villa, s'est très bien passée. Je sais que tu aimes les détails et je suis heureuse de flatter tes goûts et de te faire plaisir.

C'était samedi dernier; nous avons dîné une heure plus tôt que de coutume. Après, nous sommes allées nous parer pour recevoir nos invités. Mlle D... exige que nous soyons toutes au salon avant l'arrivée des convives.

Pendant que nous terminions nos toilettes, les domestiques mettaient la dernière main aux salles du rez-de-chaussée. D'abord on a dressé, sur la grande table de la salle à manger, un buffet bien servi et très appétissant, où chacun pouvait aller se rafraîchir selon son goût. Deux domestiques étaient chargées de servir. On a arrangé les sièges des salons et tout faisait un effet charmant à la lumière des lustres.

C'est au premier étage qu'on a arrangé la scène. Deux jeunes Américaines ont cédé leurs chambres qui sont contiguës et desservies par un grand cabinet de toilette, ce qui était fort commode.

La scène était très bien arrangée; il y avait un piano, une table, un canapé, des fauteuils, de belles plantes vertes; c'était comme un vrai salon.

Vers neuf heures, tous les invités sont arrivés et on

a commencé à jouer la comédie-vaudeville. Je t'envoie
la romance pathétique; tu l'aimeras, j'en suis sûre.
Ici, tout le monde la chante. Le sujet de cette pièce
est très bon. C'est un gendre qui veut, à force de
galanteries, éconduire sa belle mère de son foyer; il
veut être seul avec sa jeune femme, ce qui est bien
naturel.

On a très bien joué et très bien chanté. Les acteurs
et les actrices d'occasion ont dû être satisfaits parce
qu'ils ont été très applaudis.

Il faut te dire que la plupart étaient des étrangers
et je ne crois pas que je pourrais en faire autant
dans une langue étrangère. Il est vrai que ces langues
du Nord, qu'on entend ici, sont moins séduisantes
que notre belle langue française qui est élégante et
mélodieuse! Je comprends qu'on veuille la connaitre.

Après la comédie, on nous a servi du thé et du
café, etc., puis on a fait de la musique et l'on a
dansé. Chacun s'est, je crois, bien amusé à notre
soirée de pensionnaires; on ne saurait dire qui était
la plus gaie et la plus satisfaite.

Un jeune artiste a récité le Hareng-saur; ce mono-
logue est fort drôle et bien amusant, surtout dit avec
l'expression voulue et le talent de M. Samary.

Une élève qui a des leçons avec Mme Viardot
Garcia et une élève de Mme Marchesie ont chanté et
fort bien. Cécile a aussi chanté. On a récité des morceaux de poésie, de Victor Hugo, qui ont été bissés.
Tout cela a alterné avec la danse. Il était trois heures
du matin quand on nous a servi du chocolat bien
chaud et que nos convives nous ont quittées.

Paul est parti en voiture avec un jeune professeur

du lycée Louis-le-Grand. Dis à ma mère que Paul s'est amusé comme un enfant.

Il m'avait envoyé des fleurs superbes pour cette soirée, ainsi qu'à Cécile et à Mlle Dupré; cette dernière était aussi des nôtres.

J'ai pu voir, ma chère, que ces jeunes étrangères aiment énormément la danse et les Américaines dansent admirablement bien; elles sont très gracieuses.

Inutile d'ajouter que le lendemain de cette fête il n'y eut pas de leçons; on nous a appelées à midi et demi seulement pour le second déjeuner.

Tout était déjà comme auparavant et notre soirée avait passé comme un rêve bien agréable.

Hier, on nous a conduites au musée du Luxembourg qui est sur la rive gauche de la Seine.

Nous avons pris l'omnibus qui passe devant le parc Monceau et nous sommes arrivées devant la porte du Luxembourg.

Sur l'emplacement occupé par le palais, Robert de Harley fit bâtir, dans la première partie du XVIe siècle, un hôtel acheté plus tard par Piney-Luxembourg.

La reine Marie de Médicis acheta l'hôtel et fit jeter les premiers fondements du palais par Jacques Desbrosses. Ce palais fut achevé en 1620. Il fut habité par plusieurs princes et princesses jusqu'à la Révolution; en dernier lieu par Louis XVIII, qui le quitta pour partir en émigration.

La Convention en fit une prison où furent enfermés successivement Philippe de Noailles, à l'âge de soixante-dix-neuf ans, avec sa femme, qui, malgré son grand âge, voulut partager la captivité de son mari, et elle partagea aussi sa mort.

Le vicomte de Beauharnais et sa femme Joséphine Tascher de la Pagerie, la future impératrice des Français; Danton, Camille Desmoulins, Robespierre et le peintre David.

A présent, le Sénat siège au palais du Luxembourg depuis 1879. Le président du Sénat demeure dans le Petit-Luxembourg.

Une partie du palais est occupée par le musée, qui est ouvert au public.

On peut visiter ce palais. D'abord on monte au premier étage. Les salles du côté gauche servent aux différentes commissions du Sénat. On passe dans la bibliothèque, dont la coupole est décorée de peintures magnifiques par Eugène Delacroix. Ces peintures représentent les *Limbes* d'après le Dante.

Dans la salle des séances, on voit les statues de plusieurs grands hommes d'État.

Il y a la galerie des bustes, décorée des bustes d'anciens pairs et sénateurs, et puis l'ancien salon de Napoléon Ier, qui a conservé ses peintures.

A côté de ce salon se trouve l'ancienne salle du trône. C'est la plus remarquable de toutes, par sa décoration dans le style Louis XIV. Les sujets de peintures de la voûte sont, au milieu : l'*Apothéose de Napoléon Ier*, par Alaux; sur les côtés, *la Paix* et *la Guerre*, par Brune ; aux extrémités, l'*Apothéose des rois de France*, par Lehmann.

De là, on descend au rez-de-chaussée, où l'on voit encore la chambre de Marie de Médicis, décorée de peintures par les élèves de Rubens. Les murs sont couverts de glaces et de médaillons. Le plafond, dont le sujet principal est l'apothéose de la reine.

La chapelle, qui est du même côté, ne date que de

Louis-Philippe. Les peintures de cette chapelle représentent les vingt-quatre vieillards de l'Apocalypse, par Abel de Pujol. Sous l'orgue, un groupe d'anges, par Jaley, etc.

Le musée n'est pas grand; mais il m'a beaucoup intéressée. C'est une collection d'ouvrages d'artistes vivants. Il y a des peintures, des sculptures, des dessins, des gravures dignes d'être admirés. Ce musée est sujet à des changements fréquents, par suite des acquisitions que l'on fait sans cesse.

Le jardin du Luxembourg est, comme le palais, l'œuvre de Jacques Desbrosses.

Les parterres sont beaux et très bien entretenus. On y voit de belles fontaines, des statues de quelques reines de France et autres, et de grandes allées d'arbres. La fontaine de Médicis surtout est belle. Au printemps, ce doit être une promenade magnifique et délicieuse, quand tout est vert et frais. En été, on entend la musique militaire dans le jardin.

Nous avons visité l'École des beaux-arts, qui est très intéressante. Il y a cinquante professeurs et cinq cents élèves pour la peinture, la sculpture, le dessin, l'architecture, etc. Il y a la salle du conseil, remplie de portraits de professeurs célèbres, et le grand amphithéâtre est orné de peintures de Paul Delaroche. Il contient soixante-quinze figures de 23 pieds de hauteur.

Notre après-midi a été encore bien intéressante. Nous sommes rentrées à la pension très satisfaites. Tu m'as dit, dans ta dernière lettre, que M. de Bonfils et sa mère avaient dîné à la maison. Dis-moi comment tout s'est passé. A-t-on parlé de Cécile, de Paul? de ta petite cousine? — Quelle curieuse je suis ; mais c'est bien naturel, n'est-ce pas? — Comment trouves-tu le cousin de Cécile? — Je te dirai bien des choses quand nous serons encore ensemble. Si tu revois M. de Bonfils, dis-lui que notre promenade à cheval aura bientôt lieu.

Dans quelques semaines, nous serons. à Pâques; les bourgeons des arbres et des arbustes commencent déjà à se montrer. Il y a des lilas dans notre jardin qui semblent ne plus vouloir attendre, et les oiseaux font grand bruit avec leurs gazouillements; on ne sait s'ils se disputent ou s'ils sont contents. Le merle vient se joindre aux moineaux. C'est charmant ici, dans ce petit coin de la capitale; tout commence à reverdir, et tout est si beau et si tranquille!

Adieu, bonne Marthe; écris-moi bien vite et donne-moi tous les détails que je désire.

Ton affectionnée cousine,

ROSE.

XV

CHÈRE MARTHE,

Merci de ta bonne lettre et des nouvelles intimes
qu'elle contient. Tu es bien ma meilleure amie, et tu
devines bien ce que je ressens, quoique je sois loin
de toi!

J'ai beaucoup de choses à t'apprendre ; cela te dédom-
magera du retard que j'ai mis à t'écrire cette fois.

La famille Deratier possède, entre Rueil et Marly,
une petite et délicieuse maison de campagne, et nous
y sommes allées jeudi dernier de bon matin. Nous
avons pris le train de sept heures. C'est au bord de
la Seine, et sur le versant d'une jolie colline, que se
trouve ce bijou. Je ne puis faire une comparaison
avec la Jonquière. Cette dernière a son vaste horizon,
son large ciel, ses belles montagnes, sa riche vallée ;
elle trône comme une déesse sur sa haute colline,
entourée de ses vieux chênes, dominant les villages
et les hameaux à plusieurs lieues de distance.

Ici, c'est un joli pied-à-terre au grand air. Il y a
du soleil, de l'eau et des fleurs.

M. Deratier avait donné rendez-vous à un tapissier
qui doit y faire quelques changements parce que
Mme Deratier va y aller passer quelques jours pour
changer d'air. Sa santé ne s'améliore pas, Cécile est
très inquiète et même chagrine quelquefois, car elle
adore sa mère; aussi elle voudrait continuellement le
docteur auprès d'elle.

Paul est venu auprès de Mme Deratier pendant notre absence.

J'ai reçu la lettre de maman ; elle me fait espérer sa visite. Ne viendras-tu pas avec elle ?

Tout commence à reverdir à Paris. C'est de plus beau en plus beau. Paris a beaucoup de jardins et des allées d'arbres superbes. Le panorama change, mais c'est toujours plus ravissant. Chaque saison a ses beautés et ses surprises.

Nous sommes allées voir le tombeau de Napoléon 1er qui est aux Invalides. C'est le plus beau monument de ce genre dans le monde entier. Il est dû à l'architecte Visconti. — Quelle grandeur ! Quelle magnificence !

Le héros doit être satisfait, il repose sur les bords de la Seine au milieu du peuple français !

L'hôtel des Invalides a été construit par Louis XIV pour les vieux soldats. Il fut commencé en 1670 et terminé en 1674. Son architecture est sévère. La façade, de deux cents mètres d'étendue, qui se développe à l'extrémité du jardin cultivé par les vieux soldats et que l'on aperçoit de la Seine, est d'un noble aspect.

La cour d'honneur a cent trente mètres de long et soixante-quatre de large. Ses réfectoires ont des peintures à fresques qui représentent des villes conquises pendant les campagnes de Flandre, de Lorraine et d'Alsace.

Nous sommes allées dans les cuisines voir les deux célèbres marmites qui peuvent contenir 600 kilogrammes de viande.

Il y a aussi un musée d'artillerie très intéressant et la bibliothèque a dix-huit mille volumes, où l'on trouve des manuscrits de Sully et de Colbert.

J'ai admiré la chapelle et le superbe dôme. Cet édifice est d'une architecture somptueuse, du plus élégant et du plus admirable aspect. La flèche qui surmonte la coupole est à cent huit mètres du sol. Dans l'intérieur de l'église il y a des peintures et des sculptures de divers artistes.

Le tombeau de Napoléon Ier est sous le dôme. Il consiste en une crypte circulaire ouverte en haut. Les parois en granit sont décorés de dix bas-reliefs de marbre ; douze figures colossales placées entre les bas-reliefs symbolisent les principales victoires de l'empereur. Au milieu d'une couronne de laurier en mosaïque incrustée dans le pavé, se trouve le sarcophage en forme de cuve antique, long de quatre mètres sur deux mètres de large et quatre mètres cinquante de haut.

Le dôme s'arrondit précisément au-dessus du tombeau. Le jour faible et bleuâtre, qui tombe d'en haut, contribue encore à l'impression de solennelle grandeur que produit ce tombeau magnifique.

Nous sommes revenues en nous promenant jusqu'à la maison, en passant devant l'École militaire. Nous avons parcouru le Champ-de-Mars, qui est une vaste place de mille mètres de long et large de cinq cents mètres.

La fête de la Fédération y a été célébrée en 1790, le 14 juillet, anniversaire de la prise de la Bastille.

Il y eut une autre grande cérémonie sous Napoléon Ier. Plus tard, Louis-Philippe y distribua les drapeaux à la garde nationale, en 1830. Napoléon III y distribua, en 1852, les aigles destinées à remplacer les coqs gaulois. Depuis, il y a eu les expositions universelles et on y fera celle de 1889 dont il est tant question. Nous avons traversé la Seine par le pont d'Iéna et nous sommes entrées dans le parc du palais du Trocadéro. Ce palais est très grand; il est du style oriental et fut construit pour la dernière exposition. Il a la forme d'un hémi-cycle; il présente un coup d'œil imposant; du sou-bassement descend une grande cascade avec des jets d'eau. On y voit les statues d'un cheval, d'un taureau, d'un éléphant et d'un rhinocéros.

Sous les arches, de chaque côté de la cascade, les statues de l'Eau et de l'Air.

Sur le balcon, au-dessus; l'Europe, l'Asie, l'Afrique, l'Amérique du Sud, l'Amérique du Nord et l'Océanie et puis trente statues représentant les Arts, les Sciences et l'Industrie. Sur le dôme, la statue colos-sale de la Renommée.

Quand on est aux galeries ou aux balcons, on a une vue superbe sur Paris. Un ascenseur conduit au sommet de la tour; quiconque veut payer cinquante centimes peut jouir d'un coup d'œil très étendu.

Il y a dans ce palais des musées et une salle de fêtes.

Nous avons longé l'avenue Kléber pour rentrer à la pension; c'était bien assez pour cette après-midi.

Le lendemain, nous sommes allées au Collège de France entendre un cours de M. Guizot. Ce profes-seur parle toujours sur la littérature anglaise, et ses cours sont très suivis; mais les cours de M. Caro, à la Sorbonne, sont en plus grande renommée encore et suivis surtout par les dames de l'aristocratie, qui toutes s'empressent vivement auprès de ce grand pro-fesseur aux paroles choisies, savantes et des plus

esthétiques ; no parlant quo du beau et du sentiment.
On n'y voit que des marquises, des baronnes, des
comtesses et de vraies ! Les malins les appellent les
Carolines.

Tu sais que le Collège de France a été fondé par
François Ier, en 1530. C'était alors le Collège des
trois langues ; mais aujourd'hui, il y a des cours
supérieurs sur toutes les matières.

Ces cours sont publics et gratuits ; ils sont fréquentés par des hommes et des dames.

Tout près du Collège, se trouve la vieille Sorbonne
que Richelieu avait fait bâtir pour la Faculté de
théologie de l'Université de Paris. Elle est en même
temps, aujourd'hui, le siège des Facultés des lettres
et des sciences. C'est là que sont les bureaux de
l'Académie de Paris. Tu sais que d'abord, en 1253,
Robert le Sorbon fonda un collège pour les étudiants
pauvres et leurs professeurs ; c'est Napoléon Ier qui,
en 1808, fonda l'Université actuelle de la France.

Le tombeau du cardinal de Richelieu est dans
l'église qu'il fit construire. Cette église est surmontée
d'un dôme remarquable.

Nous sommes allées voir le Panthéon ou église
Sainte-Geneviève. C'est un temple imposant en forme
de croix grecque, dominé par un dôme de quatre-
vingt-trois mètres d'élévation. On voit dans cette
église de très belles fresques et sous les voûtes il y a
des tombeaux de grands citoyens français. Mirabeau
fut le premier qu'on y déposa (1791), son voisin fut
Marat, poignardé par Charlotte Corday. La Convention exclut plus tard du Panthéon ces deux Français.

Il y a sous les voûtes un tel écho que le coup le
plus léger, frappé sur un tambour, résonne comme la

détonation d'une arme à feu. Le guide distrait les visiteurs en frappant sur sa caisse pour faire entendre l'écho et nous avons été forcées de nous boucher les oreilles.

J'ai encore bien des choses à voir dans ce beau Paris. Et les environs qui, dit-on, sont si beaux!

Voici le beau temps, j'espère faire quelques excursions; mes lettres te diront tout ce que je vois.

Sois patiente et aime toujours ta petite cousine.

ROSE.

XVI

CHÈRE MARTHE,

J'ai passé les vacances de Pâques à la pension. La famille Deratier est à Mon-Bijou (c'est le nom de leur maison de campagne) depuis trois semaines. Cécile m'a écrit plusieurs fois. Sa mère va beaucoup mieux. Paul est allé les voir très souvent et jeudi prochain j'y serai moi-même. Paul m'y conduira.

D'abord laisse-moi te dire que je ne me suis pas ennuyée à la pension. Nous avons beaucoup travaillé et nous sommes sorties pour continuer nos excursions.

Nous avons vu les trois grands cimetières, en commençant par le Père-Lachaise. C'est le plus grand et le plus curieux des trois. Il doit son nom au père jésuite Lachaise, confesseur de Louis XIV. Il possédait une maison de campagne à l'endroit où se trouve aujourd'hui la chapelle. Après avoir changé plusieurs fois de propriétaire, cette campagne fut achetée en 1804 par la ville, pour être affectée à sa destination actuelle. C'est tout un monde. Nous avons mis quatre heures à parcourir très superficiellement cette immense nécropole. On y rencontre des noms connus du monde entier et quelques monuments s'y distinguent par leur exécution artistique. Ce cimetière est une des curiosités de Paris et presque une promenade publique. Il y a des allées comme des rues et comme des boulevards, bordées d'arbres et de somptueuses demeures funèbres.

Ce ne sont pas toujours les tombes des hommes illustres qui attirent le plus l'attention, car la plupart sont fort simples. Nous avons pris un guide qui nous a dirigées et expliqué beaucoup de choses. Je ne puis te parler de tous les tombeaux; mais je te parlerai de celui d'Abélard et Héloïse. C'est un sarcophage avec leurs statues couchées sous un haut baldaquin gothique qui a été souvent restauré.. Les Parisiens apportent toujours des fleurs sur ce tombeau; c'est-à-dire, ceux qui ont eu des amours malheureuses.

Nous avons vu aussi le buste d'Alfred de Musset et son saule qui se rabougrit. Je crois que le terrain ne lui est pas propice et qu'il manque d'eau.

On peut lire les vers que tu connais qui servent d'inscription :

> Mes chers amis, quand je mourrai,
> Plantez un saule au cimetière.
> J'aime son feuillage éploré;
> Sa pâleur m'en est douce et chère
> Et son ombre sera légère
> A la tombe où je dormirai.

Il y a aussi le cimetière israélite, où est la tragédienne Rachel et d'autres personnages qui furent importants.

Mon impression, en quittant ce cimetière, a été que les distinctions de la fortune s'observent encore là après la mort!

Le cimetière Montmartre est le plus ancien des cimetières de Paris. On l'appelait autrefois « le Champ du repos ». Il est moins important que le Père-Lachaise; mais il mérite bien une visite. On dirait une ville morte. Il y a comme des rues et des

allées bordées de tombes. Les quatre tombes des
exilés polonais avec cette inscription en latin : « Puisse
un vengeur renaître de nos cendres. »

Beaucoup d'artistes et de poètes sont dans ce cimetière. J'ai vu le tombeau de Théophile Gautier :
c'est un sarcophage avec une statue de la Poésie et
cette inscription :

> L'oiseau s'en va, la feuille tombe,
> L'amour s'éteint, car c'est l'hiver.
> Petit oiseau, viens sur ma tombe,
> Chanter quand l'arbre sera vert.

C'est aussi dans ce cimetière qu'est le poète alle-
mand Henri Heine.

Le cimetière Montparnasse existe depuis 1824. Il
renferme moins de monuments remarquables que les
deux premiers. Il y a pourtant celui des quatre sergents de la Rochelle ; mais il est fort simple.

Nous sommes allées aux Buttes-Chaumont et j'en
suis enchantée. C'est ravissant. On nous a dit que ce
fut autrefois et pendant longtemps un repaire de malfaiteurs. C'était de vastes carrières de plâtre à
cent mètres de haut au-dessus de la mer. Au lieu de
les aplanir, on a eu le soin de conserver les buttes
les plus élevées, sillonnées de sentiers et en certains
endroits taillées à pic pour simuler les escarpements
creusés et donner cours à des ruisseaux qui serpen-
tent sur un lit rocailleux ou tombent en cascatelles.
Il y a un grand parc où l'on a créé un lac artificiel ;
il est alimenté par la cascade et par un ruisseau.

Au milieu du lac, s'élance, à une hauteur de
cinquante mètres, une masse grandiose de rochers
à pic.

Cette ile est la partie la plus originale et la plus pittoresque du parc. Deux ponts conduisent dans l'ile. Le premier est suspendu et ses câbles sont en fer; le second est en briques et en pierres.

Au point culminant de l'ile, s'élève un petit temple formé de huit colonnes corinthiennes et d'un entablement supportant une coupole ornée de sculptures. Ce gracieux monument est une reproduction du temple de Vesta, dit de la Sibylle, dont on voit encore les ruines à Tivoli, en Italie. De là, on a une vue magnifique autour de soi et dans le lointain.

Ce superbe panorama embrasse les départements de la Seine, de Seine-et-Oise et de l'Oise.

Ces importants travaux ont été faits sous la direction de MM. Alphand, ingénieur en chef, et Barillet-Deschamps, jardinier en chef de la ville de Paris.

Nous sommes allées voir la vieille cathédrale de Saint-Denis.

Selon la tradition, elle occupe l'emplacement d'une chapelle construite, vers l'an 275, sur le tombeau de saint Denis, premier évêque de Paris. Dagobert Ier (638) remplaça cette chapelle par une plus grande basilique qu'il confia aux bénédictins, et il leur construisit en même temps une abbaye à côté qui fut transformée par Louis XIV et par Louis XV et qui aujourd'hui est la maison d'éducation de la Légion d'honneur, fondée par Napoléon Ier, pour les filles, les sœurs et les nièces des membres de l'ordre. Elle a conservé sa destination et c'est là qu'a été élevée Mme C... l'amie de ta chère maman et de la mienne.

On peut visiter cet établissement avec la permission du grand chancelier. J'ai lu sur l'institution de Saint-

Denis une anecdote que je veux te raconter. La voici : Napoléon Ier aimait à visiter la maison de Saint-Denis. Il y allait très souvent et s'intéressait aux progrès et à la conduite des élèves dont il était généralement adoré. Il entrait toujours sans se faire annoncer. Un jour, l'empereur vint pendant que tout le monde était à table. Il entra dans le réfectoire, salua par un : « Bon appétit, mesdames », puis voyant quelques élèves assises à la table des maîtresses, il s'approcha de la directrice et lui dit : « Je suppose, madame, que ces demoiselles ont mérité quelque récompense puisque vous leur faites l'honneur de les admettre à votre table ? — Sire », dit la directrice en s'inclinant très profondément, « ces demoiselles sont les filles des plus grands dignitaires de l'empire ! — Si c'est leur seul mérite, dit Napoléon, ce n'est pas suffisant ! Mesdemoiselles, dit-il en s'adressant aux jeunes filles, allez rejoindre vos compagnes. » Il salua, se retourna et partit sans ajouter un mot, laissant ces dames toutes consternées.

Plus tard, quand il mourut, toutes les élèves le pleurèrent comme un père et elles écrivirent au roi pour lui demander la permission de porter le deuil du grand homme. Louis XVIII le leur permit.

Je n'ai pas grand'chose à te dire de Saint-Denis. La ville n'est pas belle. Elle a beaucoup de fabriques et c'est surtout une ville industrielle.

L'église est du style gothique. Les rois de France en avaient fait leur sépulture. Il y a des monuments et des statues de plusieurs rois ; mais tu sais que, pendant la Révolution, cette église fut mise au pillage et plusieurs tombeaux furent violés. Les rois y étaient inhumés depuis Dagobert Ier.

La façade de l'église est encore celle de l'abbé Suger ; elle fut terminée en 1140.

Je termine ma lettre en te parlant d'une foire qu'on appelle foire aux jambons et au pain d'épices. C'est une fête printanière qui commence le jour de Pâques et dure pendant trois semaines. Ces fêtes se continuent dans les quartiers extérieurs de Paris et dans les petites villes des environs. Elles se terminent par les fêtes de Saint-Cloud et de Boulogne-sur-Seine, qui ont lieu au mois de septembre.

La foire au pain d'épices se tient sur la place de la Nation et sur le cours de Vincennes. Elle est excessivement animée et offre une grande variété de distractions : des chevaux de bois très élégants, des femmes colosses, des saltimbanques et toutes sortes de spectacles. Les boutiques en planches sont garnies de pain d'épices, de bonbons et de nougats. Là, chacun gagne sa vie à sa manière.

Le champ de foire est très éloigné de chez nous, et, pour éviter la foule qui se pressait aux omnibus, nous avons pris des voitures pour rentrer à la pension.

C'était une excursion très drôle, mais assez amusante.

Dis à maman de venir le mois prochain. Paris est si beau à présent dans sa parure printanière.

Ne pourras-tu pas accompagner ma mère ? Je serais si heureuse de vous voir tous ici pendant que j'y suis !

Écris-moi bientôt. Paul ne viendra pas me voir cette semaine, il passe son examen le 15 de ce mois. J'espère qu'il réussira et qu'il sera bientôt libre.

Une de nos pensionnaires a joué dans un concert

de charité. Elle a été très applaudie. C'est une jeune
fille charmante et son talent de musicienne est très
apprécié. Elle a aussi beaucoup de calme et n'est
jamais intimidée.

Adieu, chère Marthe, je t'embrasse bien tendrement.

Ta cousine,

ROSE.

XVII

CHÉRE MARTHE,

J'ai passé quelques jours à Mon-Bijou avec nos amis. J'ai été bien heureuse de cette invitation et de ce séjour à la campagne. Mme Deratier est presque bien, à la grande joie de Cécile, qui entoure sa mère de la plus tendre sollicitude. Elle lui fait la lecture à haute voix et joue pour elle ses morceaux favoris. Tous les matins, elle lui cueille des fleurs, et nous l'avons trouvée, sa corbeille pleine, prête à l'apporter à sa mère.

Notre arrivée les a tous réjouis.

Le temps était très beau, ni chaud, ni froid. Nous avons fait de longues excursions.

Comme les environs de Paris sont beaux, du côté de Marly ! Cette petite propriété est entre Paris et Saint-Germain, et tout près de la Malmaison, où a séjourné et où est morte l'impératrice Joséphine, en 1814.

La Malmaison est aujourd'hui bien déchue de son ancienne splendeur. Nous avons visité ce château vide et triste. Nous avons parcouru les salons, la bibliothèque et les chambres. On nous a donné comme relique un petit morceau de drap vert d'un billard sur lequel l'empereur avait joué. Nous nous sommes promenées dans une allée dont ce héros faisait sa promenade favorite. Elle est solitaire et très ombragée. C'est là, sans doute, qu'il combinait ses grands projets. Nous avons vu un arbre qu'il avait planté et que la foudre a démembré. Singulière image!

La vue qu'on a des fenêtres est très belle; le paysage est très boisé et très sombre, surtout du côté de la bibliothèque.

La femme du gardien m'a donné deux roses comme celles que Joséphine aimait tant! On appelle cette espèce la Malmaison. Elles sont d'un rose tendre, et l'odeur en est très douce.

Napoléon affectionnait très particulièrement le séjour de la Malmaison. C'est là qu'il signa sa seconde abdication, le 29 juin 1815.

Le czar Alexandre Ier de Russie y était venu visiter Joséphine. On nous a montré l'endroit où elle reçut cet empereur, qui lui présenta lui-même un superbe bouquet.

Nous avons été à Rueil, ancienne résidence du cardinal de Richelieu. C'est dans la petite église de Rueil que se trouvent le tombeau de Joséphine et celui de sa fille, la reine Hortense, mère de Napoléon III. Deux monuments représentent ces deux reines à genoux devant un prie-Dieu. Mlle Dupré nous a conduites à Saint-Germain, qui n'est pas très éloigné de là. Nous y sommes allées à pied.

Saint-Germain est une ville très calme, du moins en comparaison avec le beau Paris; mais sa situation est admirable; c'est pour cela peut-être que les rois de France l'ont choisie comme résidence dès le XIIe siècle. Cette situation et ses belles promenades en font un des séjours d'été les plus fréquentés des Parisiens. On y voyait autrefois deux châteaux royaux: l'un, le château neuf, construit par Henri IV avec

CECILE

une grande magnificence ; l'autre, le vieux château, construit par François Ier au lieu et place d'une lourde forteresse du temps de Charles V.

Il ne reste, du premier, qu'une muraille formant terrasse et deux pavillons, dont l'un s'appelle pavillon Henri IV. Le second subsiste encore. Il servait autrefois de prison militaire. A présent, il est converti en musée et contient une belle collection d'antiquités. Ce musée est ouvert les dimanche, mardi, jeudi, de onze heures à quatre heures.

Sous Louis XIV, la chapelle était, dit-on, la plus riche et la mieux décorée de la chrétienté.

François Ier célébra ses noces à Saint-Germain avec Claude de France, fille de Louis XII. Louis XIV y naquit. Jacques II d'Angleterre, le dernier des Stuarts, habita Saint-Germain pendant douze ans ; il y mourut en 1702. Son tombeau est dans l'église.

Ce qui donne un grand charme à cette ville, c'est sa belle forêt et sa terrasse, qui offrent de magnifiques promenades. De la terrasse, nous avions une vue superbe sur les rives sinueuses de la Seine et la vaste plaine animée qu'elle baigne. On peut aussi voir le clocher de la cathédrale de Saint-Denis, où sont les tombeaux de nos rois, et l'on pense que ce fut pour cette cause que Louis XIV établit sa cour à Versailles.

La forêt de Saint-Germain est bien entretenue ; ses promenades sont admirablement ombragées. La maison des Loges est une succursale de la maison de Saint-Denis. Cette maison fut construite par Anne d'Autriche. On peut aller directement de Saint-Germain à Versailles ; mais c'était assez pour un jour.

Nous sommes rentrées pour le dîner. Cécile et

Mlle Dupré cónnaissent déjà et très bien tous ces endroits. C'est pour moi seulement qu'elles y sont retournées. Elles disent qu'il y a toujours du plaisir à y revenir et qu'on trouve toujours des sujets pour s'instruire dans les objets qui rappellent un passé si intéressant.

Le lendemain, Paul est arrivé de bon matin pour nous accompagner à Versailles, d'où je suis revenue enchantée et ravie. Quelle splendeur! Comme tout ce que j'ai vu est beau et grandiose!

Pendant plus de cent années, Versailles a été le séjour favori des rois de France.

La grandeur des avenues, la largeur des rues, la beauté des constructions, tout annonce que rien n'a coûté pour en faire une résidence où la plus orgueilleuse monarchie de l'Europe pût développer le faste dont elle aimait à s'entourer.

Versailles m'a paru un peu triste; mais ce qui en fait une ville unique au monde, ce sont les palais, les jardins, les parcs, les musées, etc., qu'il offre à l'admiration des visiteurs.

Quand, par la pensée, on fait mouvoir dans ce superbe paysage tous les personnages illustres de l'époque du roi-soleil, drapés dans leurs grands manteaux, avec leurs larges feutres et leurs rapières, chaussés d'énormes bottes à éperons, habillés de ce riche costume qui ne supportait, aussi bien pour l'homme que pour la femme, qu'une taille haute et élégante, on finit par trouver très naturelle cette mise en scène, qui était, comme le grand siècle, toute théâtrale.

Tout d'abord, Versailles n'était qu'un petit rendez-vous de chasse sous Louis XIII. Puis Louis XIV, le roi si personnel, séduit par la position du pays, conçut le projet d'y élever un palais qui dépassât en magnificence tout ce que l'on avait pu faire de somptueux en ce genre.

Plus d'un milliard d'argent et plus de cent mille hommes ont été sacrifiés à ce royal caprice.

Quatre choses surtout ont attiré mon attention : le palais et son musée, le jardin et le parc, le Grand-Trianon, le Petit-Trianon.

Le palais, auquel nulle autre résidence royale ne peut être encore comparée, s'annonce du côté de la ville par une grande cour au fond de laquelle on a, par respect, conservé le château de Louis XIII, et se développe sur les jardins par une façade à trois étages d'une architecture aussi noble qu'élégante et d'une étendue de 600 mètres.

Depuis le jour où Louis XVI (11 octobre 1789) vint se fixer à Paris avec l'Assemblée nationale, ce palais était à peu près abandonné. C'est Louis-Philippe qui lui a rendu sa splendeur en y créant un musée national historique consacré à toutes les gloires de la France.

Cette belle idée a porté ses fruits et, depuis lors, le palais de Versailles a repris son éclat.

Rien ne surpasse la magnificence et la richesse avec laquelle sont décorés les innombrables appartements, salles, salons, etc. L'œil ne s'arrête que sur les dorures, les peintures ; des marbres, des lambris sculptés. Je ne puis pas te dépeindre le musée ; chaque époque a son salon et sa galerie.

Le rez-de-chaussée est réservé à la sculpture.

Les peintures, qui consistent en batailles, portraits et vues d'anciens châteaux historiques, remplissent tout le reste.

Il y a deux salles magnifiques : la galerie des glaces et celle des batailles ou salle Louis-Philippe.

Au premier étage, on visite la chambre de Louis XIV, restaurée et meublée comme elle l'était à la mort de ce prince.

La chapelle, chef-d'œuvre de magnificence et de richesse, les petits appartements, la salle de spectacle, l'une des plus élégantes de l'Europe.

Comme je parcourais ces belles salles, je pensais à tout ce que j'ai lu sur Versailles et à tout ce qui s'y est passé. C'est dans cette chapelle que les Bossuet, les Bourdaloue, les Massillon se sont fait entendre.

La chapelle s'élève à droite, à la place où se trouvait tout d'abord une grotte appelée grotte de Thétis. Lorsque Mme de Maintenon put exercer son influence, on fit disparaître cette grotte voluptueuse et célébrée en vers par La Fontaine.

On a célébré plusieurs mariages dans cette chapelle ; entre autres celui de Louis XVI avec Marie-Antoinette.

Dans toutes les fêtes, la grandeur royale ne disparaissait pas toujours devant la majesté divine, et l'étiquette s'imposait jusque dans cette chapelle. Saint-Simon dit que le roi Louis XIV voulait que ses courtisans imitassent sa piété et que leur ferveur fût modelée à la sienne. Il conte, à ce sujet, une histoire assez plaisante, et je veux te la communiquer telle que je l'ai lue moi-même. La voici : « Brissac, major des gardes du corps, était doué d'une franchise toute militaire et ne pouvait souffrir l'hypocrisie. Il avait remarqué que les tribunes étaient garnies de dames, même au plus froid de l'hiver, les jeudis et les dimanches où le roi manquait rarement d'assister au salut, et que, par contre, il n'en venait qu'un très petit nombre quand, de bonne heure, on avait pu savoir que Sa Majesté ne viendrait pas. Ces dames, sous prétexte de déchiffrer plus facilement leur livre d'heures, avaient toutes, devant elles, des petites bougies qui les faisaient parfaitement remarquer et reconnaître.

« Un soir que le roi devait aller au salut, les tribunes étaient encombrées et les gardes à leur poste. Tout à coup, le major Brissac paraît à la tribune vide du roi, lève son bâton et crie : « Gardes du roi, retirez-« vous, le roi ne viendra pas. » Aussitôt, les gardes se retirent, des murmures circulent dans la foule des femmes, les bougies s'éteignent et les voilà toutes s'éloignant, à l'exception de quelques dames vérita-blement pieuses.

« S'assurant que les femmes étaient parties, Brissac fait revenir les gardes ; presque aussitôt arrive le roi, bien surpris de ne voir personne et demandant par quelle circonstance il y a si peu de monde au salut.

« Au sortir de Sa Majesté, Brissac lui raconta à quelle épreuve il avait mis la piété des dames de sa cour ; le roi et ceux de sa suite en rirent de bon cœur, et le major, tout brave qu'il était, n'osait, depuis ce temps, passer seul près de ces dames, craignant d'être étranglé. »

J'ai bien ri en lisant cela, et je pense que tu feras de même. Sans doute il y aurait matière à faire des volumes d'anecdotes sur Versailles dans ce temps-là; mais il faudrait les connaître.

Je ne puis écrire plus longuement aujourd'hui. Je remets à la semaine prochaine la suite de mon récit sur Versailles. J'y suis allée deux fois. J'ai vu jouer les grandes eaux. On les fait jouer chaque premier dimanche du mois, à partir du premier dimanche de mai jusqu'au premier dimanche d'octobre.

Adieu, bonne Marthe, aime toujours ta petite cousine.

ROSE.

XVIII

Chère Marthe,

Quelle surprise pour moi, hier, de recevoir des cerises! J'ai bien vite reconnu maman et ma bonne cousine Marthe! Je vous en remercie bien et pour moi et pour mes compagnes, car nous les avons mangées ensemble. Elles étaient excellentes. Vous avez bien fait d'envoyer les premières à la famille Deratier. Ce sont de bons amis; je ne saurai jamais m'acquitter envers eux de toutes les gentillesses dont ils me comblent.

Mme Deratier est toujours mieux. Toute la famille va revenir à Paris. Dimanche dernier, c'était le premier dimanche du mois; comme les grandes eaux jouaient, nous sommes encore allées à Versailles.

Je ferai de mon mieux, chère Marthe, pour te dépeindre ce que j'ai vu, quoique je sente bien que je serai toujours loin de la réalité, tellement c'était beau.

Rien ne saurait te donner une idée de la variété, du grandiose et du pittoresque de ces immenses jardins, chefs-d'œuvre de Le Nôtre, où sont disséminés à travers d'innombrables pièces d'eau, des fontaines, des vases d'un travail admirable et tout un peuple de statues en marbre qui semblent, pour ainsi dire, naître sous les pas du promeneur. De la grande terrasse du château on jouit d'un admirable point de vue. A gauche, est l'orangerie et la pièce d'eau des

8

Suisses, encadrée dans la verte forêt de Satory; à
droite, le bassin de Neptune et, devant, le bassin de
Latone et le tapis vert qui se prolonge jusqu'au
bassin d'Apollon au delà d'un grand canal, dont les
eaux vont se perdre au sein de l'horizon boisé qu'embrasse le regard.

Je t'ai nommé les trois bassins principaux; il y en
a d'autres secondaires.

Vers quatre heures, des milliers de jets d'eau se
sont mis en mouvement; ces bruyantes cascades,
tout ce spectacle que nous avions sous les yeux,
tenait de la féerie. Chaque fois que les eaux jouent,
il en coûte une somme de dix mille francs. C'est une
occasion pour attirer du monde dans la vieille ville
royale. Ces jours-là elle semble reprendre sa splendeur passée; tout s'anime, tout se peuple, et le parc
avec tous ses promeneurs, ses majestueux ombrages,
ses groupes de marbres, redevient pour quelques
heures un peu ce qu'il était autrefois; seulement, le
plaisir est plus partagé puisque à présent chacun a le
droit d'en jouir.

On a sorti les orangers. Il y en a 1,200. On les
dispose dans les jardins pendant la belle saison. On
nous a dit qu'un de ces orangers avait quatre cent
cinquante ans d'existence. Il pourrait raconter bien
des choses s'il parlait!

Nous avons vu les deux charmants palais; le Grand
et le Petit-Trianon. Le Grand-Trianon, situé à l'extrémité du parc et construit par Louis XIV pour
Mme de Maintenon, sur les plans de Mansart, est
vraiment charmant. Il se compose seulement d'un
rez-de-chaussée divisé en deux pavillons réunis par
un péristyle de vingt-deux colonnes ioniques en

marbre rouge du Languedoc. L'intérieur renferme
de belles peintures, des objets d'art et des vases pré-
cieux; entre autres, une belle coupe en malachite,
donnée par l'empereur Alexandre de Russie à Napoléon Ier.

Les jardins sont remarquables d'élégance et de
grâce.

Louis XV et Louis XVI aimaient beaucoup le séjour
du Grand-Trianon.

On y voit un groupe en marbre symbolisant l'Union
de la France et de l'Italie, offert par les dames de
Milan à l'impératrice Eugénie.

Le palais du Petit-Trianon est une élégante miniature bâtie par Louis XV pour Mme Dubarry. Marie-
Antoinette affectionnait particulièrement cette délicieuse résidence et y donnait des fêtes où les dames
et les seigneurs de la cour jouaient aux bergers et
aux bergères. Il est meublé avec goût; mais ne contient rien de remarquable. Le jardin est magnifique,
les arbres sont superbes. Il y a un ruisseau et une
espèce de joli petit hameau appelé le Village suisse.

Du temps de Marie-Antoinette, on y voyait des
vaches, des poules, des moutons, et cette jeune reine
et ses dames, vêtues en robes de percale, en fichus
de gaze, en chapeaux de paille, se donnaient la distraction de jouer aux villageoises et se faisaient pour
quelque temps le plaisir d'y vivre dans la plus
complète solitude.

Tu sais que Marie-Antoinette avait répudié toute
la vieille cour de Louis XV, elle s'en était formée une
nouvelle d'après son goût et son bon plaisir. Comme
la plus simple des mortelles, elle désirait des amies
intimes, des confidentes de son âge, et c'est peut-être

une des principales causes de ses trop grands malheurs; car elle a manqué de prudence et n'a pas su ménager l'amour-propre des vieux courtisans supplantés.

Si cela t'intéresse, je te donnerai la nomination des dames qui composaient le service d'honneur de cette malheureuse reine en 1787. La voici :

Surintendante, princesse de Lamballe; nous connaissons aussi son triste sort. Dame d'honneur, princesse de Chimay. Dames d'atours : marquise de Mailly, comtesse d'Ossun.

Dames du palais : marquise de Talleyrand, vicomtesse de Choiseul, comtesse de Grammont, comtesse d'Adhémar, duchesse de Beauvilliers, duchesse de Luxembourg, duchesse de Duras, duchesse de Luynes, marquise de la Roche-Aymon, princesse d'Henin, princesse de Berghes, duchesse de Fitz-James, comtesse Polastron, vicomtesse de Castellane, duchesse de Saulx-Tavannes, princesse de Tarente, duchesse Eugénie de Grammont, comtesse de Maillé, comtesse de Juigné, et la comtesse Jules de Polignac, l'amie intime et préférée de la reine.

On peut se figurer la vie et l'agitation que toutes ces grandes dames apportaient à Versailles et le tableau charmant qu'elles produisaient dans un si superbe paysage !

Les Trianons ont reçu la visite de presque tous les souverains et les princes étrangers ainsi que celle des personnes illustres de tous les pays, et j'avoue qu'ils en valent la peine, car c'est ravissant.

Nous avons vu les voitures : il y a des carrosses, des traîneaux, des chaises à porteurs ainsi que des objets de sellerie et d'attelage, des voitures de gala.

Voilà tout ce que je puis te dire sur cette splendide demeure des temps passés qui a coûté tant d'argent à la France! Le bon roi Louis XVI a trop cruellement expié les prodigalités de ses ancêtres.

J'ai aussi vu Saint-Cloud. C'est une petite ville au bord de la Seine. Elle est dominée par son église. Elle date de saint Clodoald, petit-fils de Clovis, qui fonda un monastère. C'est tout près de Paris. Il y avait un château qui avait été bâti par un simple bourgeois et que Louis XVI avait acheté pour la reine Marie-Antoinette.

Napoléon Ier avait aussi une prédilection pour Saint-Cloud. Le château a été brûlé; il ne reste que des ruines. Le parc est bien beau; c'est une retraite paisible, loin du bruit de la capitale. On a une vue magnifique du jardin qui est aussi fort beau; il domine la vallée de la Seine; on a une très jolie vue.

Le château de Saint-Cloud était la résidence principale d'été de Napoléon III.

Non loin de là, en suivant le cours de la Seine, dans le parc, on arrive à Sèvres. C'est là que se trouve la grande et célèbre manufacture de porcelaine et d'émaux la plus renommée du monde pour la beauté de ses matières, la pureté du dessin, le goût de l'ornementation et la richesse de ses produits. C'est la propriété de l'État.

Le musée qu'on a fondé en 1800 m'a beaucoup intéressée. Il contient une collection complète de toutes sortes d'objets relatifs à l'histoire de la fabrication de la porcelaine en France et des échantillons de poterie de tous les pays. Il y a aussi des vases dont le prix représente une fortune.

En revenant vers Paris, nous avons pris le bateau

et j'ai vu et admiré les bords de la Seine avec ses nombreuses villas, Meudon et son reste de château qui avait appartenu à Mme de Pompadour. Le bois de Meudon est fort joli au printemps. C'est à Meudon que se trouve l'école d'aérostation et c'est de là qu'est parti le ballon dirigeable dont on a tant parlé.

Le lendemain, nous sommes allées, avec toutes nos institutrices, voir les Catacombes, ces grands souterrains de Paris où l'on a entassé une grande quantité d'ossements humains! Quelle leçon que ces débris! J'en frémis encore! Nous avons parcouru une espèce de couloir muré de chaque côté, humide et sombre. Chacune de nous avait une bougie allumée, ce qui ressemblait à une procession de revenants dans ces catacombes d'où je suis sortie avec plaisir et pour n'y plus rentrer! Ce n'était pas gai, mais curieux à voir une fois seulement.

Je suis charmée de toutes les choses que je vois. Tout m'intéresse. Je regrette pour toi, chère Marthe, de n'avoir que mes narrations à te donner; elles sont très imparfaites comparées à la réalité; mais tu sais que je ne puis mieux faire et mon plaisir serait incomplet si je ne pouvais te communiquer ce que je vois et ce que j'éprouve. Cécile et ses parents reviendront à Paris après-demain pour y passer quelques semaines. Mme Deratier est bien en ce moment et le temps est si beau que l'on ne peut pas être malade.

Adieu, bonne Marthe, viens à Paris avec ma mère, quelle joie pour moi de te voir ici!

Je t'embrasse bien tendrement.

Ta cousine,

ROSE.

XIX

CHÈRE MARTHE,

Que penses-tu du retard de cette lettre? Il m'est arrivé bien des choses imprévues. D'abord, je suis contrariée que tu ne viennes pas à Paris et puis Cécile voudrait toujours m'avoir auprès d'elle, depuis son retour de la campagne. Elle est bien heureuse du bon état de santé de sa mère.

A présent tout le Paris élégant est à Paris. Les fêtes vont se succéder. Les Deratier voient beaucoup de monde et reçoivent beaucoup. Hier nous avons dîné chez eux avec Paul. Après le dîner nous sommes allés à l'Hippodrome. Cette soirée a été très amusante. Nous avons vu des éléphants sur des vélocipèdes et des chevaux très bien dressés, montés par des écuyères fort gentilles qui se font bien obéir.

Le concours hippique a eu lieu. J'y suis allée. On a distribué des prix et trois officiers de Saint-Cyr ont rivalisé d'adresse et d'habileté.

Le Salon de peinture est ouvert. J'y suis allée déjà plusieurs fois et le jour du vernissage j'y ai vu plusieurs personnages importants dont j'avais entendu parler.

Tu sais que ce Salon ou exposition de peintures a lieu tous les ans. L'ouverture a toujours lieu le 1er mai et la clôture le 20 juin.

Ce Salon est le produit de l'œuvre quotidienne des artistes français et de plusieurs artistes étrangers. Il y a des sculptures, des peintures, des dessins, des gravures, etc.

J'ai vu de très beaux tableaux et tout le monde s'accorde à dire que cette année il y a des chefs-d'œuvre. On donne des récompenses et des médailles aux artistes de mérite. C'est toujours le ministre qui remet la médaille aux lauréats qui ont obtenu les suffrages de leurs rivaux et confrères.

Une de nos pensionnaires, qui travaille la sculpture depuis quelques années, a exposé un joli sujet : « Le Penseur ». C'est très bien fait, bien rendu et charmant. Je t'en apporterai la photographie.

Le mois de mai, à Paris, est le mois des plaisirs. On y voit beaucoup d'étrangers et de provinciaux. J'ai eu de vos nouvelles par M. et Mme de C... ; ils ont dîné avec nous chez nos amis.

Notre sortie à cheval a eu lieu jeudi matin.

A huit heures, un landau est venu me prendre à la pension. J'étais avec mon frère. Cécile et ses amies se sont trouvées au rendez-vous.

Arrivés à l'entrée du bois de Boulogne, où les chevaux nous attendaient, nous nous sommes tous souhaité un joyeux bonjour.

Il y a là, à gauche, un emplacement destiné spécialement aux cavaliers ; une petite estrade, élevée de cinq ou six degrés, permet aux dames de se mettre en selle de la façon la plus commode.

Nous sommes allés jusqu'à la grande cascade et désormais tu auras pour amie une vraie amazone. Nous avions avec nous le directeur du manège, mon frère et M. de Bonfils, qui dit se plaire beaucoup à Paris. Il aime cette saison et il pense rester encore un mois auprès de nous.

J'avoue sincèrement qu'il est très bon cavalier, dois-je aussi convenir que je le trouve très-beau? Je ne puis exprimer ce que je ressens quand il vient près de moi; mais c'est quelque chose que je n'avais jamais éprouvé. Je me sens heureuse et pourtant je ne serais pas éloignée de fondre en larmes; alors je désire plus que jamais ta chère présence. Je voudrais pleurer dans tes bras, sur ton cœur, et me rendre compte du sentiment étrange qui m'agite!

Nous avons galopé ensemble et je ne puis te dire toute la sollicitude qu'il a eue pour moi. Arrivés au repos, sa voix et ses manières me laissaient en extase. Nous attendions nos amis et je crois que, pas plus lui que moi, nous n'avions hâte de les voir s'approcher. Il m'a parlé de nos belles montagnes et d'une foule de choses assez banales, mais qui me plaisaient. Il aime beaucoup Paul; ils sont amis depuis longtemps, à ce qu'il paraît.

Tu as appris avec bonheur le succès de mon frère aux derniers examens. Il a fini à présent et le voilà docteur en titre. Je crois qu'il s'installera à Paris. Il y a des pourparlers. Paris offre un succès certain aux sujets qui veulent travailler et progresser. C'est le milieu scientifique par excellence.

Je regrette bien que le printemps te soit si peu favorable cette année.

Ma chère et douce Marthe, bientôt je reviendrai auprès de toi pour toujours, vivre de ta vie calme et tranquille. Je reviendrai plus riche d'expérience; je sens que j'ai besoin de te revoir, de t'ouvrir mon cœur. Tu m'aideras à trouver la vraie cause du sentiment qui l'agite et je crois que tes bons avis et ton affection me feront du bien.

Je serai toujours reconnaissante à mes parents de m'avoir donné l'occasion de connaître un autre monde que celui de notre petite ville, et j'ai lieu d'être fort satisfaite sous tous les rapports. Je me sens plus sûre de moi que lorsque j'ai quitté la maison : mon jugement s'est exercé; j'ai appris à me contrôler, mes paroles et mes actions; il est bon de vivre avec le monde et de le connaître. On apprend à se tenir sur ses gardes, à ne pas faire aux autres ce que l'on ne voudrait pas qu'il vous fût fait. C'est une maxime très sage, il faut l'avoir souvent à l'esprit pour ne pas faire des maladresses.

Cécile et Mlle Dupré sont venues me prendre samedi pour me conduire au bois de Vincennes. Elles avaient leur voiture; il nous a fallu près d'une heure pour nous y rendre.

La ville de Vincennes est importante seulement par sa situation et comme forteresse à la porte de Paris. Il n'y a guère que son château et le bois à signaler comme curiosités. Ce château avait été construit par Louis VII et, plus tard, Catherine de Médicis, Louis XIV et Napoléon Ier l'ont entretenu.

Le roi saint Louis aimait beaucoup Vincennes, et tu sais que c'est là qu'il aimait à rendre la justice, assis sous un chêne du bois.

Ce fut au couvent des Mineurs de Vincennes que ce roi reçut la couronne que lui avait cédée Baudouin, empereur de Constantinople.

Plusieurs rois sont morts à Vincennes; Charles V y naquit et y passa la plus grande partie de sa vie. La reine Isabeau de Bavière se retira au château de Vincennes, et, en 1429, Henri V, roi d'Angleterre, y mourut sept semaines avant Charles VI.

Les Anglais ont pris plusieurs fois ce château; mais on le leur a définitivement enlevé en 1434.

Louis XI en fit une prison d'État et Charles IX vint y mourir. Louis XIII et Louis XIV y vinrent quelquefois, mais ils n'y firent que de courts séjours; cependant le paysage est très beau de ce côté de Paris.

Mazarin mourut à Vincennes le 3 mars 1661 et Louis XV y passa quelques jours au commencement de son règne.

Les habitants du faubourg Saint-Antoine résolurent de détruire le donjon qui servait de prison; ils s'y portèrent en masse pour le mettre à bas, mais Lafayette arriva à la tête de forces suffisantes pour y mettre obstacle. Il faillit plusieurs fois être tué dans cette expédition.

Le 20 mars 1804, on y fusilla le duc d'Enghien, le dernier des Condés, sous un simple soupçon de Napoléon 1er. Ce prince fut condamné et exécuté la même nuit.

Sous Louis-Philippe, Vincennes a donné son nom aux bataillons de chasseurs à pied formés par le duc d'Orléans.

Aujourd'hui, Vincennes est une ville militaire. Son donjon a eu des prisonniers célèbres : leurs noms rempliraient des volumes.

La chapelle avec sa façade gothique a été commencée sous Charles V et achevée sous Henri II.

Le bois de Vincennes est bien moins fréquenté que le bois de Boulogne. Je l'ai trouvé plus solitaire; mais il est aussi très joli.

On y a fait des embellissements sous Napoléon III. Il y a une ferme appelée ferme de la Faisanderie.

Tout près le champ de courses et un peu plus loin, le lac de Gravelle alimenté par une machine à vapeur au bord de la Marne. A quelques pas du lac, il y a le rond-point de Gravelle. On a de là un panorama magnifique sur les vallées de la Marne et de la Seine. Le village de Saint-Mandé, qui semble posé dans un bouquet d'arbres, a de jolies maisons de campagne et un lac qui renferme une île dont les alentours sont très boisés. Je trouve ce quartier bien éloigné du nôtre et décidément, notre voisin, le bois de Boulogne, aura ma préférence. Il est si joli et si agréable!

Nous sommes rentrées fort tard de cette excursion. L'heure du dîner à la pension était passée. J'ai dîné chez Cécile et je ne suis rentrée qu'à neuf heures. Ces demoiselles étaient encore à la salle d'étude. Je m'y suis arrêtée pour leur raconter comment j'avais passé mon après-midi. Elles iront jeudi prochain avec l'institutrice. Demain, c'est le 1er juin; le temps passe bien vite et tout ici est de plus en plus beau. Nous avons mis les costumes d'été. Le jardin est dans sa plus belle parure. Les lilas sont passés; les roses et les géraniums et d'autres fleurs sont épanouies. Nos beaux arbres sont couverts de leurs feuilles et le merle vient nous faire entendre son chant frais et gai. Nous pensons qu'il a son nid dans un arbre du parc Monceau; mais comme Mlle V. le nourrit tout l'hiver, on dirait qu'il vient pour la remercier.

Ici, nous jouissons pleinement de la solitude de la campagne; mais ce dont nous ne sommes pas privées, c'est de piano et de chant. Chacune doit s'exercer et cela va bon train.

Adieu, Marthe chérie, j'ai des papillons de toutes

les couleurs dans la tête, une douleur au cœur ; mais je veux être forte dans l'espérance de te revoir sous peu.

En attendant, je t'embrasse bien tendrement comme je t'aime.

Ta cousine,

ROSE.

XX

CHÈRE MARTHE,

Ainsi que les journaux vous l'ont appris, Victor Hugo, notre grand poète, est mort. Le bruit de cette lamentable nouvelle circulait dans Paris et, depuis, c'est un sentiment de stupeur générale, et notre grande capitale a pris sa physionomie des jours de grand deuil. La France perd non seulement un grand poète, mais un grand citoyen.

Pour ce génie, la mort n'est qu'un changement d'existence, et la tombe la porte d'un monde supérieur, puisqu'il croyait à l'immortalité de l'âme. Les derniers mots de son testament sont un acte sincère de sa croyance en Dieu!

On peut presque dire qu'il a prophétisé lui-même l'époque de sa mort, quand il écrivait à ses petits-enfants, le 1er janvier 1871, la poésie que nous connaissons dans *l'Année terrible* :

> Enfants, on vous dira plus tard que le grand-père
> Vous adorait ; qu'il fit de son mieux sur la terre,
> Qu'il eut fort peu de joie et beaucoup d'envieux,
> Qu'au temps où vous étiez petits il était vieux,
> Qu'il n'avait pas de mots bourrus ni d'airs moroses,
> Et qu'il vous a quittés dans la saison des roses ;
> Qu'il est mort, que c'était un bonhomme clément,
> Que dans l'hiver fameux du grand bombardement,
> Il traversait Paris tragique et plein d'épées,
> Pour vous porter des tas de jouets, des poupées
> Et des pantins faisant mille gestes bouffons ;
> Et vous serez pensifs sous les arbres profonds.

N'est-ce pas saisissant? Il est bien mort dans la saison des roses !

On a exposé son corps sous l'Arc de triomphe, et ses amis l'ont veillé pendant la nuit, à la lueur des torches.

Il m'est impossible de te décrire cet émouvant spectacle.

Nous sommes allées, à dix heures du soir, suivre un défilé de plusieurs milliers de personnes.

Le faîte de l'Arc de triomphe était éclairé d'un rayon de lune. Un immense cénotaphe se dressait sous la lumière électrique, entouré de torchères où brûlaient des flammes vertes, et le cercueil était placé sur les premières marches d'un haut catafalque qui remplissait l'arc. Tout le côté droit du catafalque était couvert de couronnes et de guirlandes. Ce catafalque avait la forme d'un immense sarcophage; il était recouvert de velours noir parsemé d'étoiles d'argent.

L'Arc de triomphe, ainsi transformé, était une merveille, et les mots ne sauraient rendre l'aspect grandiose du superbe monument, dont le sergent Hoff est le gardien, et auquel Victor Hugo a consacré les si nobles vers que nous connaissons.

Tout autour de l'Arc, flottaient de longs crêpes, des drapeaux tricolores et des draperies noires avec des étoiles et armoiries en argent portant cette inscription : *La France en deuil à Victor Hugo.*

On avait placé deux cents lampadaires autour du rond-point, et à tous les candélabres on voyait des faisceaux de drapeaux tricolores voilés de crêpes avec des écussons portant les titres des différents ouvrages du maître, et ces inscriptions : *Victor Hugo à la France.*

C'est lundi, à neuf heures du matin, que ses amis l'ont retiré de l'Arc de triomphe pour le conduire au Panthéon.

Les funérailles ont été splendides. Nous sommes allées voir défiler le cortège à l'avenue des Champs-Élysées.

Le temps était magnifique : un vrai temps de poète.

Il y avait des chars traînés par six chevaux et remplis de fleurs et de couronnes.

Le corbillard était, comme le poète l'avait voulu, le corbillard des pauvres orné d'une simple couronne d'immortelles.

Avant la levée du corps, la musique de la garde républicaine a joué la marche funèbre de Chopin, et des discours ont été prononcés.

Le général gouverneur de Paris, avec son brillant état-major, s'est mis à la tête du cortège.

Nous avons vu deux chefs arabes en costume national, montés sur des chevaux richement caparaçonnés.

Des députations, dont je ne saurais te dire les noms, ont défilé à la suite les unes des autres, et chacune portait des fleurs et des couronnes superbes et des bannières avec des inscriptions diverses.

Les journaux illustrés que je t'envoie te donneront une idée de tout ce que Paris a fait pour son grand patriote, c'est-à-dire des funérailles comme on n'en a encore jamais vu.

Il était cinq heures du soir quand j'ai quitté mes amies et tu ne peux te figurer ma grande joie et ma surprise quand j'ai vu mon père et ma mère à la pension. Je n'en pouvais pas croire mes yeux. Je pleurais et je riais en même temps. Ils m'ont trouvée grandie et plus pâle ; mais ma mère est satisfaite de ce changement.

Tout s'est enfin éclairci..... Paul restera à Paris et Cécile sera..... ma sœur ! ' ! et un peu la tienne, car elle sait combien nous nous aimons. Le secret qui m'a tant intriguée est enfin dévoilé, tu sais que je me doutais de ce dénouement. Cécile et Paul sont bien heureux et tout le monde semble se réjouir de cet événement. Jeudi c'était la fête de Mme Deratier. On avait attendu ce jour pour célébrer publiquement les fiançailles ; c'est pourquoi, tout le monde devant être présent, mes bons parents sont venus me surprendre. Je suis très heureuse de tout cela. Mon père me regarde avec beaucoup de tendresse ; il avoue qu'il a souffert de mon absence, que vous avez été tous bien tristes parfois, mais qu'il est très satisfait à présent, qu'il oublie tout en me revoyant si avantageusement avancée. Ma mère me témoigne sa joie par de longs embrassements et moi je me sens bien heureuse de toute la tendresse qui m'entoure.

Nous avons passé une bonne journée. Le soir, plusieurs amis de la famille Deratier sont venus, et les meilleures amies de Cécile lui ont envoyé des cadeaux superbes et de magnifiques fleurs. Cécile est si aimable ! Elle est très instruite et bonne. Puisse-t-elle continuer l'heureuse vie qu'elle a toujours eue jusqu'à présent ! On peut bien dire que son bonheur a été sans nuage ; si ce n'est le faible état de santé de sa mère, qui la chagrine quelquefois ; mais à présent ses désirs sont réalisés : elle aura le docteur à la maison. Elle aime Paul, et Paul le lui rend bien. C'est peut-être le motif qui m'a fait passer une année

9

à Paris! Je ne m'en plains pas. Si tu avais été avec
moi, mon bonheur aurait été parfait.

Nous serons tous réunis à la Jonquière au mois de
septembre. Mon père a parlé d'y faire quelques changements. On va y mettre des ouvriers, et nous allons
faire plusieurs achats qui te surprendront.

Il y a à peine six mois, M. Deratier a acheté le
château de Saint-Pré, que nous connaissons si bien.
Il l'a donné à Cécile comme cadeau de fiançailles. Ils
y viendront tous les ans, et nous serons voisins
pendant une partie de l'année. N'est-ce pas fort
agréable?

Il me faut te dire que, depuis cet événement,
M. de Bonfils me taquine beaucoup. Il veut à toute
force m'appeler sa cousine, et j'ai l'air de ne pas vouloir l'être; et, lui, met de l'obstination à me prouver
que je la suis! Tu auras l'avantage de voir ce beau
monsieur et sa mère à la Jonquière. Mes parents les
ont invités, et ils ont bien vite accepté, ce qui me
rend heureuse et un peu agitée aussi!

Mᵐᵉ de Bonfils est ici depuis quelques jours; naturellement elle est chez nos amis, puisque Mᵐᵉ Deratier est sa sœur. Elle est venue assister aux fiançailles
et faire des emplettes pour la nouvelle saison. Elle
est gaie et semble bien plus forte que Mᵐᵉ Deratier;
elle est bonne et affectueuse pour moi. Je la surprends
souvent à me regarder avec quelque satisfaction!

Dimanche, c'était le jour du grand prix. Nous
sommes tous allés à Longchamp. Tu ne pourrais
jamais te figurer ce que c'est! Tout le monde s'était
porté en foule vers le bois de Boulogne. Toutes les
allées et les avenues qui mènent au champ de courses
étaient remplies de voitures ou de piétons.

Nous avions plusieurs voitures. Nous avons longé
la belle avenue du bois; puis l'avenue des Acacias,
toute parfumée de l'odeur douce des fleurs de ces
arbres, et là, nous avons pu voir les superbes et
nouvelles toilettes des dames du monde élégant de
Paris et toutes les couleurs à la mode. Considère un
peu jusqu'où va la réclame du négoce parisien : nous
avons vu une voiture occupée par deux dames et
deux messieurs mis tous les quatre à la dernière
mode. Ces personnes étaient payées pour lancer les
toilettes et les objets nouveaux de plusieurs maisons
de commerce. N'est-ce pas ingénieux? Dans tous les
cas, j'ai préféré voir cela à de certains et vilains
coffres rouges badigeonnés de lettres blanches, que
l'on promène dans tous les grands quartiers de Paris,
et qui font la réclame pour un magasin appelé Old-
England.

C'est un cheval français qui a gagné le prix. Nous
avons été très contents de cette victoire, car on met
beaucoup de patriotisme aux courses de ce jour. Tu
sais que les chevaux étrangers peuvent concourir, et
la ville de Paris donne 100,000 francs au propriétaire
du cheval qui a gagné.

Je n'oublierai pas cette belle après-midi. En revenant à la maison, il nous fallait presque toujours aller
au pas et à la file; nous pensions ne jamais sortir du
bois. La quantité de voitures était si grande, que
souvent il y en avait six sur le même rang.

Il n'y a que Paris, la ville unique dans son genre,
pour déployer une si superbe élégance.

Demain nous irons à Mon-Bijou; mes parents ne
partiront pas encore. Tu dois te trouver bien solitaire, et je pense sans cesse à toi. J'espère que tu

pourras, une fois du moins, venir voir notre belle
capitale et toutes les beautés qu'elle renferme. Alors
je t'accompagnerai.

Mes parents veulent faire quelques excursions dans
les environs de Paris. Je ne les accompagnerai pas ;
il me faut étudier. J'ai seulement quelques semaines
à travailler, et je désire les mettre à profit.

Le 10 juillet.

Excuse le retard de cette lettre ; on m'a dérangée,
malgré moi, de mes études ; je n'ai pas été maîtresse
de mes moments, et le soir, en rentrant à la pension,
j'étais fatiguée et distraite.

Ma mère m'a fait sortir pour faire des achats. Tu
ne peux pas te figurer comme c'est fatigant de courir
les magasins de Paris. Ils sont presque toujours
remplis de monde.

Nous sommes allées souvent au magasin du Bon-
Marché. Ce magasin est immense et rempli de fort
belles choses. Il y a tout ce que l'on peut désirer en
objets de toilette et de luxe. Il y a même une galerie
de tableaux que des artistes exposent pour être vendus.
Ils sont dans le salon de lecture, qui est très beau.
On y trouve tous les bons journaux de Paris, du
papier et de l'encre pour écrire, comme si l'on était
chez soi, et tout cela sans rien payer.

Le magasin du Petit-Saint-Thomas est aussi dans
la rue du Bac ; il y a de fort belles choses, et des
robes surtout faites avec goût.

Le magasin des Trois-Quartiers, près de la Madeleine, est très beau aussi. Les marchandises ont beaucoup de cachet et y sont d'un goût exquis. Il y a

toujours des nouveautés d'un style inédit et exclusif à cette maison.

Ma mère est heureuse et bien étonnée de se voir ainsi guidée par moi, qui ne connaissais rien de Paris il y a dix mois.

Mes parents seront auprès de toi dans quelques jours. On fait déjà des préparatifs pour la Fête nationale. Toutes les rues de la capitale sont pavoisées de drapeaux, et des feux d'artifice se feront au palais du Trocadéro. Il y aura des bals dans chaque quartier de Paris.

Laissons tout le monde se réjouir à cœur joie ; car, d'après l'histoire, tout est bien changé à présent.

Les Deratier resteront à Paris jusqu'à samedi, jour fixé pour le départ de mes parents ; ils iront immédiatement après à Mon-Bijou.

Moi, je reste à la pension ; je m'y plais beaucoup, et le temps du départ approche. Notre jardin est très agréable ; nous y restons jusqu'à onze heures, tous les soirs, à lire ou à travailler.

Le 20 juillet.

Il est passé, ce jour de fête. Je puis te dire que Paris était paré de ses plus beaux joyaux.

On voyait partout des drapeaux et des mâts surmontés d'oriflammes, et des guirlandes de becs de gaz. La foule était considérable et exubérante dans sa joie.

Nous avons vu passer la revue des bataillons scolaires. Ils ont défilé avec une crânerie et un ensemble qui leur faisaient beaucoup d'honneur. Leur fusil bien appuyé sur l'épaule, le pas bien marqué, la tête haute et la démarche martiale, ces enfants semblaient prendre leur rôle à cœur. On les a beaucoup applaudis et acclamés.

La grande revue, celle des vrais militaires, a eu lieu comme toujours au bois de Boulogne. Le président de la République, les ministres et tous les grands fonctionnaires du gouvernement s'y sont rendus. Il y avait aussi beaucoup de dames très élégantes dans les tribunes.

J'étais émerveillée en voyant tous ces militaires et notre artillerie, qui, dit-on, est l'une des premières du monde. Puis, la musique militaire égayait tout cela. Le soleil a été de la fête ; la chaleur était très supportable.

Ce qui a été magnifique, c'est la charge de cavalerie. Imagine-toi une vaste plaine. A l'extrémité, et en face des tribunes où se tient le public choisi, est massée la cavalerie, rangée de front par escadrons.

Au moment donné, et sur le commandement d'un général, toute cette masse s'ébranle au galop et vient s'arrêter juste au pied des tribunes, qu'on croirait qu'elle va tout briser. Involontairement cela produit une impression telle, qu'on appréhende d'être écrasé par le choc. Puis vient le défilé, qui est ouvert par l'admirable bataillon de Saint-Cyr. Il faut voir avec quelle régularité manœuvrent tous ces jeunes officiers. Aussi, quand ils passent devant les tribunes, ils sont accueillis par des milliers de bravos.

Le soir, tous les grands édifices de Paris étaient illuminés ; l'Arc de triomphe était superbe avec son collier de gaz autour de sa corniche et sous un ciel plein d'étoiles ! Les feux d'artifice ont été magnifiques. Nous avons marché au milieu d'une nombreuse foule, mais si calme, qu'on aurait cru marcher dans un salon. C'est merveilleux comme le peuple de Paris se comporte bien. Quelques ouvriers marchaient par bandes en chantant la *Marseillaise* et d'autres chants patriotiques.

Nous avons descendu l'avenue des Champs-Élysées, qui était ornée d'un ruban de gaz des deux côtés, ce qui produit un effet de perspective merveilleux; sans compter toutes les lanternes aux mille couleurs qui sont accrochées aux arbres.

En approchant de la Seine, nous avons vu sur l'eau la fête vénitienne. Des bateaux garnis de verres de couleur produisaient un effet féerique. Plusieurs avaient des orchestres sur leurs ponts et jouaient simultanément.

Je me souviendrai toujours de cette fête. Je crois que le commerce parisien n'y perd pas, bien que quelques familles se hâtent de quitter Paris pour ce jour-là et que les mécontents se fassent toujours un malin plaisir de médire de ce jour.

Demain, quelques élèves partiront pour la Bretagne. Elles vont passer quinze jours au bord de la mer. J'espère t'embrasser dans le courant du mois d'août. Quel bonheur, et quelle joie pour moi! Paul m'accompagnera. Il est, lui aussi, tout à son bonheur. Puisse-t-il durer longtemps, ou mieux, ne jamais finir!

Adieu, bonne Marthe; je t'embrasse de tout cœur, comme je t'aime.

ROSE.

XXI

CHÈRE MARTHE,

Nous sommes allées à Fontainebleau. J'en suis revenue ravie et enchantée. Paris a toutes les faveurs de la nature ; ses environs sont superbes et enchanteurs.

Fontainebleau est une jolie ville. Son nom lui vient d'une source renommée par la beauté de son eau, Fontaine-Belle-Eau.

Nous avons vu le château royal, qui est admirable, ainsi que le jardin et le parc qui en dépendent. Une partie des constructions remontent à Louis le Jeune ; mais c'est François Ier qui, secondé par l'architecte italien le Primatice, est le véritable fondateur du palais de Fontainebleau.

Henri IV, Louis XIII, Louis XIV, Louis XV et Napoléon Ier se plurent à embellir l'œuvre primitive de François Ier, et le roi Louis-Philippe y a fait exécuter de grands travaux de restauration.

Comme architecture, ce palais a des contrastes à cause des interventions successives, des époques diverses et des différents hommes de génie qui s'en sont occupés ; mais, tel qu'il est, il n'en impose pas moins par l'étendue de la masse de ses constructions, qui couvrent près de 50,000 mètres carrés.

De nombreux souvenirs historiques se rattachent au château de Fontainebleau ; parmi les principaux, je te citerai le séjour de Christine, reine de Suède,

LE PETIT MOULIN ET L'HIPPODROME DE LONGCHAMP

qui, en 1657, y fit assassiner son écuyer, l'italien Monaldeschi. Le pape Pie VII y fut interné pendant sa captivité en France (1810). Nous avons vu son portrait.

Henri IV arrêta le maréchal Biron pour cause de trahison, au palais de Fontainebleau. Louis XIV y signa la révocation de l'édit de Nantes.

Napoléon y signa sa première abdication en 1814 et y fit ses adieux à sa garde au moment de son départ pour l'île d'Elbe. Son divorce avec Joséphine y fut prononcé en 1809.

C'est dans la cour d'honneur que se passa l'émouvante scène des adieux de Napoléon à sa vieille garde. Comme tu le sais, cette scène a été souvent reproduite par le pinceau, le crayon et le burin.

Les appartements intérieurs du palais, surtout l'incomparable galerie Henri II, la salle du Trône, la chapelle, la bibliothèque, la salle de spectacle, sont des merveilles ; elles sont ornées avec une extrême magnificence.

Elles renferment un grand nombre d'objets d'art. On y conserve encore la petite table ronde sur laquelle fut signée l'abdication ; elle porte la marque du coup de canif de l'empereur.

Je ne puis te dépeindre toutes les belles choses qu'il y a dans ce château ; quelle richesse ! quelle élégance !

Le jardin est l'un des plus admirables qui se puisse imaginer. On y voit une vaste pièce d'eau où vivent de vieilles carpes d'une grosseur énorme.

Rien de beau comme ce jardin avec ses arbres gigantesques et ses vertes pelouses ; puis la belle et vaste forêt est immense, et Mlle D... nous a dit que c'était la plus belle forêt de France. On y voit des chênes superbes, qui étonnent par leur grosseur et . leur élévation.

Nous avons remarqué, en parcourant la forêt, une pierre d'une grotte qui suinte l'eau ; de temps en temps, il se forme une goutte cristalline qui tombe dans un verre placé là par une bonne femme, qui vend aux excursionnistes des objets en bois travaillé comme souvenir de Fontainebleau. J'ai goûté cette eau ; elle a un goût de terre un peu prononcé. On appelle cet endroit la Grotte qui pleure. Les poètes l'ont chantée, et j'avoue que les artistes ont de quoi alimenter leur imagination dans cette forêt superbe.

Les parties les plus intéressantes sont : les grottes de Franchard, les gorges d'Apremont, le Fort de l'Empereur ; ce dernier est un belvédère qui a la forme d'une forteresse en miniature et duquel on a une vue splendide. Enfin, il y a des sites charmants, qui prennent des noms différents et rappellent les plus grandioses spectacles et les aspects les plus sauvages de la nature.

La petite ville de Moret se trouve tout près de là ; le village de Thomery, où l'on récolte ces excellents raisins appelés chasselas de Fontainebleau. Puis, le petit hameau de Barbison, fréquenté par les artistes, qui ont rendu l'auberge du père Gane célèbre par les peintures que l'on y voit, et qui sont signées des premiers noms de l'école moderne.

Nous avons parcouru Fontainebleau ; mais il faudrait plusieurs jours pour explorer la forêt.

C'est ma dernière grande promenade à Paris. Le temps de la séparation sera vite écoulé ; je serai bientôt auprès de toi, au milieu de nos chères pénates. Combien j'apprécie cette année passée hors de la maison paternelle! J'ai vu des choses si belles, si superbes, dont je ne me serais jamais figuré l'existence si j'étais restée à R...

Je sais bon gré de tout cela à mon père. Je vais revenir ; nous reprendrons notre vie en commun, nous partagerons encore nos joies et nos peines, laissant à la Providence le soin de nous donner à chacune ce qu'elle trouvera bon de nous dispenser.

La pensée d'être auprès de toi, chère Marthe, de nos favoris et de tout ce que nous avons aimé ensemble, me console un peu de tout ce que je vais quitter ici.

Nous passerons la journée de jeudi chez la famille Deratier, qui est, dès à présent, un peu notre famille.

Nous nous retrouverons tous bientôt à la Jonquière ; mon cœur palpite de joie. C'est à l'église du village de Saint-Pré que sera célébré le mariage de Cécile et de Paul. Mon frère m'accompagnera, et notre départ de Paris aura lieu samedi prochain.

Je garderai un excellent souvenir des personnes que j'ai connues ici ; je ne pourrais être ingrate envers celles qui m'ont prodigué tant de sollicitude et témoigné une si bonne amitié. J'espère conserver des relations qui seront pour moi le souvenir de ce que j'ai éprouvé de plus heureux dans ma vie de jeune fille.

A bientôt, Marthe chérie, la joie de te revoir et le bonheur de t'embrasser.

Ta petite
ROSE.

PARIS. — IMPRIMERIE DE L'ART

E. MÉNARD ET J. AUGRY, 41, RUE DE LA VICTOIRE

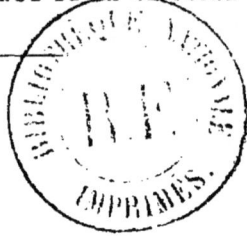